고등영어 쉽게 배우기

고등영어
쉽 - 게
배 우 기

류경화 지음

종이와
나무

시작하며

'수포대포, 영포인포.' 제가 고등학교를 다녔던 1980년대에 유행했던 말입니다. '수학을 포기하는 것은 대학을 포기하는 것이고, 영어를 포기하는 것은 인생을 포기하는 것이다.' 수학과 영어가 대입과 취업에 얼마나 중요한지를 말해주는 짧지만 강렬한 말입니다. 저 또한 수험생 시절 이 말을 금과옥조처럼 여기며 '수학의 정석'과 '성문 영어'를 붙들고 씨름했던 날들이 있었습니다.

아침 6시에 기상해서 무거운 가방을 메고 콩나물시루 같은 통학 버스를 타고 등교해서 0교시 아침 보충 수업부터 9교시 방과후 보충 수업까지 하루에 10교시의 수업을 들었던 그때 그 시절. 저녁 도시락을 먹은 후에는 밤 10시 야자 종료를 알리는 음악 소리가 날 때까지 하루 14시간을 꼬박 교실 의자에 앉아서 보냈던 호랑이 담배 피던 시절 이야기입니다.

옛날이야기를 하려니 제가 요즘 호환, 마마보다 더 무섭다는 '꼰대'가 된 것 같네요. 이왕 꼰대가 된 김에 하려던 이야기를 마저 하겠습니다. 강산이 세 번은 바뀌었을 30년이 넘는 시간 동안 바뀌지 않은 한 가지가 있습니다. 아직도 '수학을 포기한 사람은 원하는 대학에 가기가 힘들고, 영어를 포기한 사람은 취업을 하기가 힘들다'는 냉혹한 현실이 바로 그것입니다.

오히려 '수포대포, 영포인포' 현상은 요즘 더욱 심해졌습니다. 최근 변화된 수능 체제에서 영어가 절대평가로 바뀌면서 대입에서 수학이 미치는 영향력과 중요도는 과거보다 더욱 높아졌습니다. 그럼, 영어는 덜 중요해졌을까요? 천만에요. 갈수록 취업난이 심해짐에 따라 취업 준비생들에게 영어는 이제 선택이 아니라 필수 스펙이 되었습니다.

대학 졸업 무렵에는 '성문 영어'와 같은 책에서만 배운 고리타분한 영어가 아니라 원어민처럼 유창하고 세련되게 의사소통이 가능한 수준급 영어 실력을 갖추어야 감히 입사 원서라도 내밀어 볼 수 있는 시대가 되었습니다. 수능에서 영어가 절대평가로 바뀌면서 대입에서 영어의 영향력은 과거보다 다소 줄었지만 취업에서 영어의 영향력은 과거 그 어느 시대보다 더 높아졌습니다.

이러한 시대적 요구 속에서 대학 입학 이후 영어의 중요성과 기대 수준은 갈수록 높아지고 있습니다. 어쩌면 수학이 대학을 입학할 때까지 가장 중요한 과목이라면, 영어는 대학을 입학한 순간부터 가장 중요한 과목이라 해도 과언이 아닐 것입니다. 상황이 이렇다 보니 일부 대학에서는 학생들이 특정 영어 과목을 수강하지 않거나 특정 영어 어학 성적을 취득하지 못할 경우 졸업이 힘들어지기도 합니다. 다른 대학으로의 편입학이나 대학원 진학을 위해서도 영어는 필수입니다.

그럼 학교를 모두 졸업한 후에는 영어 공부를 더이상 하지 않아도 되는 걸까요? 그렇지 않습니다. 대학이나 대학원을 졸업한 후에는 취업을 위해, 취업을 한 후에는 승진을 위해, 우리 삶을 한 단계 업그레이드시키기 위한 변곡점마다 반드시 영어라는 관문을 통과해야 합니다. '영포인포', '영어를 포기하는 것은 인생을 포기하는 것'이라는 말이 피부에 와 닿는 지점입니다.

요즘처럼 대학을 졸업해도 취업이 힘든 현실 속에서 스펙 관리를 위해 영어 실력을 쌓는 것은 그야말로 기본 중의 기본입니다. 대입과 취업, 우리 인생에서 어느 하나 포기할 수 없는 두 개의 큰 산을 넘기 위해서는 수학과 영어를 정복하지 않으면 안 되는 작금의 현실이 '수포대포, 영포인포'를 외쳤던 30년 전과 크게 다르지 않지요?

영어를 공부하는 이유는 저마다 다릅니다. 초등학생과 고등학생에게 영어를 공부하는 이유도 다를 것입니다. 그렇다면, 고등학생에게 영어를 공부하는 가장 중요한 이유는 무엇일까요? 맞습니다. 바로 대학입시입니다. 다소 불편하게 들릴지 모르지만, 현실적인 이야기를 조금 더 하겠습니다. 세상이 많이 바뀐 것 같아 보이지만 앞서 보았듯이 우리의 현실이 크게 바뀌지 않은 것처럼 우리 사회와 대학이 우리에게 요구하는 능력 또한 크게 바뀌지 않았습니다. 우리가 원하는 대학, 원하는 진로를 통해 우리가 원하는 삶을 살아가고 싶다면 영어는 선택이 아닌 필수라는 사실을 받아들여야 합니다.

'피할 수 없다면 즐겨라.' 제가 좋아하는 말입니다. 어차피 피할 수 없는 현실이라면 쿨하게 인정하고 즐겁게 하는 것이 현명합니다. 이 짧은 말 속에는 심오한 삶의 진리가 담겨 있습니다. 피하고 싶은 현실은 매우 괴롭고 부정적인 상황입니다. 그럼에도 불구하고 즐긴다는 것은 힘든 상황을 긍정적으로 받아들이고 더 나아가 재미를 찾는 단계까지 성장한다는 의미입니다.

현실은 바꿀 수 없지만, 현실을 바라보고 받아들이는 나의 마음가짐은 내가 결정하고 바꿀 수 있습니다. 마이너스(-)라는 현실을 플러스(+)로 바꿀 수 있는 것은 다름 아닌 '나' 자신입니다. 삶에 임하는 자세와 마음가짐을 조절하고 그 속에서 균형을 잡을 수만 있다면 어렵고 힘든 현실도 나를 성장시키고 나의 잠재력을 키워 줄 즐거운 경험으로 바꿀 수 있습니다. 그리고 이것은 바로 '극기(克己)', '나 자신을 극복하는 것'으로부터 출발합니다.

우리는 살면서 피하고 싶지만 피할 수 없는 수많은 현실과 마주하게 됩니다. 우리에게 진정으로 필요한 것은 실패할 것 같은 상황을 미리 예측해서 회피하는 것이 아니라 실패할 수 있음에도 불구하고 당당히 맞서는 담대함과 넘어지더라도 다시 일어날 수 있는 회복력입니다.

영어 공부도 마찬가지입니다. 영어를 좋아하지 않는 사람들에게 영어는 너무나 피하고 싶은 현실일지 모릅니다. 하지만, 세계화와 온라인화가 가속화되고 있는 시대적 흐름 속에서 영어는 점점 더 중요한 도구이자 경쟁력이 되고 있습니다. 4차 산업 혁명이 시작되고 있는 지금, 앞으로 MZ세대가 살아갈 미래의 AI 세상은 어떨까요? 머지않아 수십억 인류가 메타버스(metaverse, 3차원 가상 세계)에서 만나고 국경을 초월하여 소통하는 것이 일상이 되는 시대가 도래할 것입니다.

다가올 미래에 세계 공용어인 영어로 자유롭게 소통할 수 있는 사람과 그렇지 못한 사람에게 주어질 기회의 차이는 상상 이상일 것입니다. 영포자가 되기에는 앞으로 너무나 많은 시간과 멋진 기회들이 여러분을 기다리고 있습니다. 그리고 그 수많은 도전과 기회는 영포자를 극복하려는 자의 몫이 될 것입니다. 지금 이 순간에도 영어를 포기하고 싶은 분이 계시다면 이 책이 작은 희망의 불씨가 되기를 바랍니다.

　끝으로, 이 책이 나오기까지 아낌없는 조언과 용기를 준 사랑하는 딸에게 감사의 마음을 전합니다.

2022년 가을

류경화

이 책의 차례

I

영어 공부,
꼭 해야 하나요?

1. 영포자가 뭐예요?

영어를 좋아하나요?

'좋아하는 일을 해야 할까요?, 잘하는 일을 해야 할까요?'

가끔 학생들이 저에게 던지는 질문입니다. 저의 대답은 '좋아하는 일을 해야 한다'입니다. 좋아하면 계속 하고 싶고, 계속 하다 보면 저절로 잘하게 됩니다. 일을 하면서도 즐겁고, 즐겁게 하다 보면 실력도 좋아져서 결국 성공하게 됩니다. 평생 즐겁게 일을 하면서 마지막에는 성공의 기쁨마저 맛볼 수 있다면 이 보다 더 행복한 사람이 있을까요?

좋아하는 감정이란 그만큼 강력한 동기부여의 원천입니다. 잘하는 일보다 좋아하는 일을 하게 되면 긍정적인 선순환이 끊이지 않고 일어납니다. 하루 하루 힘든 일을 하더라도 자신이 좋아하는 일을 하고 있으면 우리의 뇌하수체는 언제라도 행복 호르몬을 분비할 준비가 되어 있습니다. 또한, 어려운 상황에 맞닥뜨리더라도 포기하지 않고 다음 단계로 나아갈 수 있습니다.

반면 잘한다고 해서 다 좋아하는 것은 아닙니다. 잘하는 일이라도 좋아하지 않으면 안 하게 되니 처음에 좋았던 실력도 점점 나빠집니다. 그러다 보면 재미가 없어지고 신이 나지 않으니 손을 놓게 됩니다. 결국 처음보다 실력도 나빠지고 흥미도 잃게 되어 아예 쳐다보지도 않는 악순환이 일어납니다.

자, 이제 제가 여러분에게 두 가지 질문을 던지겠습니다. 첫 번째 질문입니다.

'여러분은 영어를 좋아하나요? 영어를 잘하나요?'

마음 속으로 생각해 보시기 바랍니다. 두 번째 질문입니다.

'영어를 좋아하는 것과 잘하는 것 중 무엇이 더 중요할까요?'

대답하셨나요? 무엇이 정답일지 감이 오지요?

맞습니다. 영어를 잘하게 되는 선순환에 들어가기 위해서는 궁극적으로 영어를 잘하는 것보다 좋아하는 것이 더 중요합니다. 하지만, 불행히도 모든 사람들이 영어를 좋아하진 않습니다.

이제 우리가 영어 학습자로서 어떤 상태에 있는지 점검해 보겠습니다. 여러분은 다음 네 가지 유형 중 어디에 해당하나요?

(1) 영어를 좋아하고 잘한다.
(2) 영어를 싫어하지만 잘한다.
(3) 영어를 좋아하지만 못한다.
(4) 영어를 싫어하고 못한다.

(1)번 유형은 앞서 언급한 것처럼 좋아하는 감정이 동기부여를 해 주어 영어 학습에 선순환이 일어나는 가장 이상적인 유형입니다. (2)번 유형은 영어를 싫어한다고는 하나 영어를 잘하고 있으므로 영어 학습을 통해 자기효능감(self-efficacy)을 느낄 수 있습니다. 자기효능감이란 자신의 능력과 존재감에 대한 긍정적인 신념과 자신감을 갖는 것으로 학습에 있어서 매우 중요한 동기부여 요인입니다. 만약, 영어를 좋아하는 마음까지 갖게 된다면 (1)번의 가장 이상적인 유형이 될 수 있습니다.

반면 (3)번과 (4)번 유형은 영포자가 될 확률이 높은 유형입니다. 특히 (4)번 유형은 영어를 싫어하는 감정 때문에 영어 학습의 악순환 속에서 학습 결손이 누적된 결과일 가능성이 높고, 문제 해결이 가장 어려운 유형입니다. 하지만 (3)번 유형은 영어를 좋아하고 영어에 대한 긍정적인 태도가 있기 때문에 영어 학습에 대한 동기부여가 가능합니다. 영어 학습에 있어서 방법적인 문제가 있지는 않았는지 점검해 보고, 만약 방법적인 문제가 있었다면 이를 개선하기 위해 노력해야 할 것입니다. 정확한 진단을 통해 문제를 해결한다면 (3)번 유형 또한 극적으로 (1)번 유형으로 변화될 수 있습니다.

그렇다면 영어를 싫어하고 못하는 (4)번 유형의 경우, 영포자가 되지 않을 방법이 없는 걸까요? 시간이 걸릴 수는 있지만 방법이 없는 것은 아닙니다. 영어를 싫어하는 사람들은 무엇보다도 영어에 대한 부정적인 생각을 버려야 합니다. 영어를 싫어하는 마음이 좋아하는 마음으로 바뀌면 자연스레 행동도 바뀌게 됩니다. 영어를 못하게 만들었던 행동이 영어를 잘하게 만드는 행동으로 바뀔 것입니다.

그럼 어떻게 하면 영어를 좋아하게 만들 수 있을까요?

'재미'의 힘

비법은 바로 '재미'입니다.

사람들은 본능적으로 재미있는 것을 좋아하고 재미없는 것을 싫어합니다. 재미는 중독성이 있고 재미를 느끼는 순간 그것 자체가 좋아지기 때문에 재미는 가장 강력한 동기부여 요인입니다.

따라서 영어를 배울 때도 즐겁고 유쾌한 경험을 많이 해서 영어 학습에 재미를 느끼는 것이 매우 중요합니다. 예를 들어, 영어를 싫어하는 사람에게 영어 단어를 외우는 것은 너무나도 재미없고 지루한 일입니다. 이런 경우, 틀에 박힌 방식보다는 유튜브나 스마트폰 앱(application), 온라인 영어 학습 사이트와 같은 다양한 영어 학습 플랫폼(platform)을 활용하여 자신에게 맞는 재미있는 방법을 시도해 보는 것이 좋습니다.

또 다른 방법으로는 자신의 관심 분야와 영어 학습을 접목하는 것입니다. 자신의 관심 분야다보니 흥미를 느껴 지속적으로 배울 수 있고 자연스럽게 영어에 노출되면서 영어 학습으로 이어집니다. 예를 들어, 노래를 좋아한다면 팝송을 들으면서 따라 부르거나 가사를 외우면서 영어 공부를 할 수 있고, 영화나 애니메이션을 좋아한다면 영어권 영화나 미국 드라마, 영국 드라마 등을 보면서 공부할 수도 있습니다. 노래나 영화는 텍스트에 비해 내용 이해가 쉽고 재미있어서 꾸준히 영어에 노출되도록 동기부여를 해 주기 때문에 영어 공부를 지속가능하게 해 줍니다. 만약, SNS 활동에 관심이 많다면 SNS를 활용하여 영어로 글쓰기에 도전해 볼 수도 있을 것입니다.

SNS가 없던 시절, 저는 채팅과 이메일을 통해 영어 글쓰기에 큰 도움을 받았던

적이 있습니다. 20여 년 전, 처음으로 호주 시드니로 한 달 동안 '중등 영어교사 해외연수'를 갔던 때였습니다. 수업이 끝나고 숙소에서 지내야 하는 시간에는 친구도 없고 TV를 켜도 재미있는 한국 드라마가 나오는 것도 아니어서 혼자서 시간을 보내는 것이 고역이었습니다. 그 당시에는 스마트폰도, 와이파이도 없던 시절이어서 PC에서만 겨우 인터넷이 연결되었고 속도도 매우 느렸습니다. 온라인 환경이 열악해서 외부 세계와 소통할 수 있는 창구는 숙소 로비의 데스크탑 PC가 전부였습니다.

컴퓨터에 한글 프로그램도 설치되어 있지 않아서 영어만 사용 가능했기 때문에 숙소에서 할 일이 없을 때에는 당시 유행했던 채팅 프로그램에 접속해서 영어로 전 세계 사람들과 채팅을 하면서 외국에서의 외롭고 무료한 시간을 보내곤 했습니다.

한 달 동안 낯선 나라에서 지낼 생각을 하니 한국에 있는 친구들이 더 생각났습니다. 국제 전화도 마음껏 사용하기 부담되던 때여서 고심 끝에 친구들에게 영어로 이메일을 쓰기 시작했습니다. 다행히 영문과를 졸업한 친구들이 많아서 큰 어려움 없이 영어로 이메일로 주고받으며 서로 소식을 전했고 호주에서의 시간들을 보낼 수 있었습니다.

그리고 한 달이라는 시간이 지난 어느 날, 저는 놀라운 경험을 하게 됩니다. 마치 원어민처럼 익숙하게 영어로 이메일을 쓰고 있는 제 자신을 발견하게 된 것입니다. 한국에 있을 때만 해도 영어를 읽고 듣고 말할 기회는 있었지만, 영어로 글을 쓸 기회는 거의 없었습니다. 하지만 매일같이 채팅과 이메일을 통해 사람들과 소통하면서 영어로 대화하고 글을 쓰다 보니, 어느새 저도 모르게 너무도 편하고 익숙하게 영어로 글쓰기를 할 수 있게 되었던 것입니다.

영어 공부, '재미'있고 '의미'있게 하라!

외롭고 무료했던 저에게 영어로 채팅을 하고 이메일을 쓰는 것은 '재미'있으면서도 동시에 '의미'있는 일이었습니다. 그렇다 보니 매일 꾸준히 할 수 있었고, 짧다면 짧은 시간이었지만 한 달이라는 시간이 쌓이면서 한국에 있었을 때와는 비교도 안 될 정도로 글쓰기 실력이 향상되었던 것입니다.

이것이 바로 '재미'의 힘이고 마력입니다. 그리고 관심 분야와 영어 학습을 접목시킨 좋은 예입니다. 당시 저에게 '의미' 있었던 일은 친구들과의 소통이었고 소통을 위해서는 영어로 글을 써야 했기에 친구들과의 소통과 영어 글쓰기 사이에 절묘한 접점이 생겼던 것입니다. 이와 같이 '재미'있고 '의미'있는 일은 영포자가 되지 않게 해주는 강력한 엔돌핀이자 가장 확실한 동기부여 방법입니다.

여러분에게 재미있고 의미있는 일은 무엇인가요? 만약 그런 분야가 있다면 지금 당장 영어 공부와 접목시켜 보세요. 자신의 관심 분야에서 영어와의 연결 고리를 찾아 거기에서 재미와 의미를 느낀다면 영어를 저절로 좋아하게 될 것입니다. 좋아서 꾸준히 하다 보면 결국 누구보다 더 잘하고 있는 여러분을 발견하게 될 것입니다.

신비한 '재미'의 마력, 여러분도 빠져보고 싶지 않나요?

2. 공부할 시간이 없어요

'하루에 몇 시간 공부해요?'

'3시간 정도 하는 것 같아요', '학원 다니느라 1시간 하기도 힘들어요.' 등과 같은 대답이 나옵니다. 여러분의 대답은 무엇인가요?

과연 고등학생이 하루에 1시간, 3시간 공부해서 내신과 수능 대비를 같이 할 수 있을까요? 절대 가능하지 않습니다. 그렇다면 위 대답을 한 학생들은 정말로 하루에 총 공부 시간이 1시간이나 3시간 정도밖에 되지 않는 걸까요?

위의 질문과 대답에는 모두 '공부'에 대한 인식의 오류가 반영되어 있습니다. 우리는 보통 '공부' 시간이라고 하면 학교가 끝난 후 '혼자서 자기주도 학습'하는 시간으로 받아들입니다. 맞는 말이기도 하고 틀린 말이기도 합니다.

'공부'에 대한 오해

'공부'란 지식을 능동적으로 받아들이고 정보처리를 하면서 체화시키는 일련의 인지적 과정입니다. 그렇다면, 학교가 끝난 이후에만 공부를 할 수 있는 것일까요? 아닙니다. 우리가 크게 간과하고 있는 것이 있습니다.

바로 학교 수업 시간입니다. 지식을 능동적으로 받아들이고 정보처리를 하는 활동은 오히려 학교에 머무는 시간, 학교 수업 시간에 훨씬 더 많이 일어납니다.

대부분의 학생들은 자신이 하루에 얼마나 공부하는지를 생각할 때 학교 수업 시간은 빼고 생각합니다. 이것은 학생들이 학교 수업 시간을 공부하는 시간이라고 생각하지 않기 때문입니다. 너무나도 잘못된 생각이고 심각한 인식의 오류입니다.

인식의 오류는 필연적으로 잘못된 행동으로 이어지기 때문에 만약 그동안 수업 시간을 '공부'하는 시간이 아니라 '쉬는' 시간으로 생각했다면 우선 잘못된 인식부터 바꾸어야 하고 그에 따라 행동과 습관도 개선해야 합니다.

'수업 시간'의 재발견

<u>학교 수업 시간이야말로 가장 가성비 높은 공부 시간입니다.</u>

우리가 간과하고 있는 학교 수업 시간 7시간에 방과후 자기주도 학습 시간 3시간만 더해도 하루 10시간 공부가 충분히 가능합니다. 수업 시간을 자기 공부 시간으로 잘 활용하고 있는 학생이라면 '하루에 10시간 정도 공부해요.'라고 거뜬히 대답할 수 있을 것입니다.

하루에 3시간 공부하는 학생과 10시간 공부하는 학생 중 누가 경쟁력이 있을까요?

가장 가성비 높은 공부 방법 중의 하나는 모두에게 똑같이 주어지는 학교 수업 시간에 최고의 집중력을 발휘하여 그날 배운 내용을 최대한 자기 것으로 만드는 것입니다. 처음 배우는 내용이지만 선생님의 설명을 들으면 쉽게 이해되고 이해가 된 후에는 외울 수 있는 부분은 바로 외워서 장기 기억 창고에 저장합니다. 학교 수업 1시간 분량은 그리 많지 않기 때문에 수업 시간 중에 그날 배운 내용을 최대한 소화할 수 있도록 집중해야 합니다.

수업 시간에 우리의 뇌가 쉬거나 졸거나 멍때리게 해서는 안됩니다. 수업 시간에는 하루 중 어느 때보다도 각성된 상태로 깨어 있어야 하고 우리의 뇌세포가 가장 활성화된 상태로 적극적이고 능동적으로 정보처리를 하게 해야 합니다.

<u>학교 수업이 중요한 또 다른 이유는 하루 일과 중 가장 많은 시간을 차지하기 때문입니다.</u> 학교의 정규 수업만 들으면 7교시, 방과후 수업까지 들으면 무려 8, 9교시의 수업을 하루에 듣게 됩니다. 이렇듯 적게는 7교시에서 많게는 9교시까지 학교에서 수업을 듣고 나면 정작 학교가 끝난 후 자기주도 학습을 할 수 있는 시간이 많지 않습니다.

방과후 수업을 듣지 않더라도 학교 끝나자마자 집에 도착하면 저녁 식사도 해야 하고 씻어야 하고 그날 숙제나 수행평가 준비도 해야 하기 때문에 오로지 공부에

집중할 수 있는 시간을 내기가 쉽지 않습니다. 하물며 학원이라도 다니게 되면 학원을 왔다 갔다 하는 시간까지 들어 그나마 공부할 수 있는 시간이 더 줄어들게 됩니다.

숨어있는 공부 시간을 찾아라!

방과후에 공부 시간을 확보하는 데에는 한계가 있습니다. 그렇다면 발상의 전환을 해야 합니다. 군이 방과후에 따로 공부 시간을 만드느라 애쓰지 말고 하루 일과 중 가장 많은 시간을 차지하고 있는 학교 수업 시간을 얼마나 효율적으로 보낼 것인지에 대한 고민을 해야 합니다.

학교 수업 시간을 내가 '공부'하는 시간으로 보낼 것인지 '쉬는' 시간이나 '멍때리는' 시간으로 보낼 것인지에 따라 엄청난 결과의 차이가 생깁니다. 하루에 최소 7시간, 많게는 9시간까지 수업 시간을 공부 시간으로 활용하는 학생들은 그렇지 않은 학생들과의 경쟁에서 이미 이기고 시작하는 것입니다.

평소 수업 시간에 '자기 공부'를 하고 있는 학생들은 배운 내용에 대한 이해도가 높고 일부내용은 이미 외워서 자신의 것으로 만들었기 때문에 내신 대비가 쉽습니다. 공부한 내용을 정리하거나 외우는 데에만 시간을 할애하면 되기 때문에 시험 대비 시간이 확 줄어듭니다. 한 과목의 시험 대비가 빨리 끝나면 다른 과목 공부 시간이 더 확보되므로 결과적으로 시험 대비와 내신 관리에 엄청난 선순환이 일어납니다.

반면 수업 시간을 '자기 공부' 시간으로 활용하지 못한 학생들에게는 어떤 일이 일어날까요?

수업을 듣지 않아 기억도 나지 않는 부분을 혼자 공부하려니 답답하고 힘들어서 결국 좌절하게 됩니다. 다행히 포기하지 않는다 하더라도 시험 대비가 힘들고 시간이 오래 걸립니다. 결과적으로 다른 과목을 공부할 시간마저 부족해지므로 시험 대비와 내신 관리에 악순환이 발생합니다.

여러분은 하루에 학교에서 '공부'하는 시간이 몇 시간이나 되나요?

학교에서 공부하는 시간을 '자기 공부' 시간으로 먼저 확보해야 합니다. 그런 다음 방과후 자기주도 학습을 해야 합니다. 그러면 하루에 공부 시간을 최소 7시간 이상 쓸 수 있습니다.

공부는 방과후에 시작하는 것이 아니라 매일 1교시부터 시작하는 것입니다. 아직도 공부할 시간이 부족한가요?

3. 자기주도 학습의 함정

'자기주도 학습할 때 어떻게 공부하나요?'

'교과서 읽으면서 배운 내용 복습해요', '문제집 풀고 오답 노트 정리해요', '인터넷 강의(이하 인강) 들어요' 등 다양한 대답이 나옵니다.

모두 다 좋은 방법입니다. 하지만, 공부 방법에 있어서도 균형이 중요합니다. 만약 혼자 공부하기 힘든 부분에서 인강의 도움을 받는다면 아무런 문제가 되지 않습니다.

하지만, 공부하는 시간 내내 인강만 듣는다면, 과연 제대로 된 공부를 하고 있는 걸까요? 문제는 전체 공부 시간 중 인강을 듣는 시간의 비중입니다.

자기주도 학습 시간 대부분을 인강을 들으면서 보내는 학생들이 의외로 너무나 많습니다.

'인강'에 대한 착시

인강을 들으며 자기주도 학습을 하는 것의 실상을 깨닫기 위해서는 인강의 속성을 알아야 합니다.

인강은 인위적으로 녹화되고 편집된 수업이기 때문에 강사가 1시간 내내 쉬지 않고 강의를 합니다. 인강 강사들은 말 속도가 빠르고 시간당 강의 분량이 많아 진행 속도도 매우 빠릅니다.

이렇게 빠르게 진행되는 강의를 듣다 보면 강의를 듣는 순간에는 이해한 것 같지만, 강의가 끝나고 나면 기억나는 게 없습니다. 강의를 들으면서 방대한 내용을 다 소화할 수도 없습니다. 따라서, 인강만 들어서는 공부가 제대로 되었다고 볼 수 없습니다.

우리는 공부의 과정을 통해서 세상의 수많은 현상을 이해하고 기존의 틀과 결합시켜 의미를 연계하고 확장시키며 사고의 틀을 넓히고 성숙시킵니다. 그 과정에서 원리를 이해하고 적용과 검증 과정을 통해 체득하면 종합적인 사고력과 통찰력이 성장합니다. 공공의 '지식'을 나의 '지력'으로 만드는 과정이 공부이고, 이러한 공부의 과정에는 자기주도 학습이 반드시 필요합니다.

자기주도 학습이란 자기주도적으로 이해하고 분석하고 적용하는 과정을 통해 종합적인 사고력을 기르는 일련의 과정입니다. 내용을 이해하는 것이 출발점이라면 종합적인 사고력을 기르는 것이 도착점입니다.

인강을 듣는 행위는 강사 주도적인 설명을 들으며 내용을 이해하는 시작 단계에 불과합니다. 인강을 들으면서 자기주도적으로 분석하고 적용하는 것은 불가능합니다. 자기주도 학습을 할 때 인강만 듣는 것은 마치 운전할 때 차의 시동만 켜놓은 것과 같습니다.

따라서, 인강을 듣는 것만으로 공부를 다 했다고 생각하는 것은 공부의 본질을 깨닫지 못하는 학생들의 착각일 뿐입니다.

숨어있는 자기주도 학습 시간을 찾아라!

그럼 강의를 들으면서 자기주도 학습을 하는 것은 불가능할까요?

아닙니다. 강의를 들으면서도 자기주도 학습이 가능한 시간이 있습니다. 바로 학교 수업 시간입니다. 아무도 자기주도 학습 시간이라고 생각하지 않는 학교 수업 시간이야말로 인강보다 훨씬 더 가성비 높은 공부 시간이고 효과적인 자기주도 학습 시간입니다.

학교 수업은 인강과는 달리 선생님이 전체 학년 학생들의 평균 수준에 맞추어서 수업의 내용과 분량을 조절합니다. 따라서, 수업의 내용이 그다지 어렵지 않고 분량도 많지 않기 때문에 평균 수준의 학생이라면 수업 시간 동안 선생님이 설명하는 내용을 충분히 이해하고 자신의 것으로 소화할 수 있습니다.

또한 교실에서 수업하는 선생님은 녹화 화면에 나오는 인강 강사처럼 1시간 내내 쉬지 않고 강의하지 않습니다. 수업의 주제나 활동 또는 설명 사이사이 시간적 여유도 생기고, 선생님에 따라서는 분위기 전환을 위해 재미있는 이야기를 하기도 합니다. 수업 시간에 이런 짬이 생기면 방금 배운 내용을 개념화하고 내재화하여 자신의 것으로 만들 수 있습니다. 이렇게 학교 수업 시간에는 주체적이고 능동적인 학습이 가능합니다.

이것이 바로 자기주도 학습입니다. 흔히 자기주도 학습이라고 하면 물리적으로 자기 혼자 하는 학습이라고 생각하기 쉽지만, 보다 <u>본질적인 의미에서의 자기주도 학습은 '자기 스스로 주도적으로 생각하는 학습'</u>이라고 할 수 있습니다.

그런 의미에서 볼 때, 인강보다는 수업 시간이야말로 '자기주도' 학습이 가능한 시간이 아닐까요?

학습의 완성＝입력 학습＋출력 학습

그렇다면 어떤 방법으로 공부하는 것이 좋을까요?

진정한 공부는 자기주도 학습을 통해서 완성된다고 하였습니다. '자기주도'에서 '자기'의 의미를 이해할 때 '나'보다는 '나의 뇌'에 초점을 맞출 필요가 있습니다. '자기주도' 학습은 '내'가 스스로 주도하되, '나의 뇌'가 주도적이고 능동적으로 사고하는 학습이라는 것에 특히 주목해야 합니다.

우리 뇌가 학습하는 방식은 크게 입력 학습과 출력 학습으로 나뉩니다.

입력 학습은 지식을 주입하는 단계에서 이루어집니다. 예를 들면, 수업 시간이나 인강을 듣는 것이 이에 해당합니다. 입력 학습을 통해서 지식이나 개념을 이해할 수 있습니다. 문제는 많은 학생들이 이것을 공부의 전부라고 착각한다는 것입니다. <u>완전한 학습이 되기 위해서는 입력 학습 뒤에 반드시 출력 학습이 이루어져야 합니다.</u>

출력 학습이란 입력 학습을 통해 이해한 내용을 능동적으로 생각하고 표출하며 <u>스스로 확인하는 과정</u>입니다. 우리는 입력 학습을 통해서 내용을 이해하고, 출력 학습을 통해서 자신이 이해한 것과 이해하지 못한 것을 확인합니다. 또한 이해한 내용을 확실히 소화하여 장기 기억 창고에 저장합니다. 출력 학습을 거쳐 장기 기억 창고에 저장된 지식만이 나의 지식이 됩니다.

따라서 우리 뇌가 자기주도적인 학습을 하기 위해서는 인강과 같은 동영상이나 강의를 수동적으로 듣는 입력 학습보다는 출력 학습 시간이 절대적으로 많아야 합니다. 교과서나 문제집과 같은 텍스트를 기반으로 능동적으로 사고하고 판단하면서 내가 알고 있는 것과 알지 못하는 것을 확인할 수 있는 출력 학습이 중요합니다.

출력 학습이 자기주도 학습의 성패를 좌우한다!

자기주도 학습의 성패는 얼마나 많은 출력 학습을 했는가에 달려 있습니다.

교과서가 되었든 문제집이 되었든 나와 텍스트 둘만의 출력 학습 시간을 얼마나 많이 보냈는지가 핵심입니다. 음식을 소화시키는 데에도 여러 단계가 있듯이 지식을 학습하는 데에도 여러 단계가 있습니다.

인강을 듣는 것은 음식을 씹어서 삼키는 단계이고 입력 학습에 불과합니다. 삼켜진 음식이 충분한 대사 과정을 거쳐야 영양분이 되듯이 입력된 지식도 출력 학습을 통해 텍스트와의 치열한 교감 과정을 거쳐야 비로소 나의 지력이 된다는 것을 명심하세요.

여러분은 현재 입력 학습과 출력 학습을 제대로 병행하고 있나요?

자신의 공부 습관 및 자기주도 학습 방식을 한번 점검해 보세요. 수업 시간과 인강을 들으면서 입력된 내용이 출력 과정을 통해서 확인받고 각인되는 과정이 충분히 잘 이루어지고 있는지 확인해 보세요.

공부 시간을 최대한 확보하는 것도 중요하지만, 주어진 시간에 제대로 된 공부를 하는 것이 더 중요합니다. 수업 시간을 자기 공부 시간으로 활용한 학생과 낭비한 학생, 자기주도 학습 시간에 그날 배운 것을 복습하며 출력 학습까지 끝낸 학생과 학원 수업과 인강만 듣고 입력 학습 단계에 머물러 있는 학생 중 여러분은 어디에 해당하나요?

수능 만점자의 비법

매년 수능 만점자들이 언론 인터뷰에서 보여주는 한결같은 장면이 있습니다.

'수능 만점 비법이 뭡니까?' 기자가 묻습니다.

'수업 시간에 집중해서 들었어요',

'교과서와 기출문제 위주로 공부했어요',

'사교육보다 자기주도 학습 위주로 공부했어요.' 수능 만점자가 답합니다.

'수업 시간에 집중해서 들었다'는 것은 허투루 보낼 수 있는 학교 수업 시간을 자신의 공부 시간으로 활용하여 입력 학습을 했다는 의미입니다. 1분 1초가 아까운 수험생들에게 시간 관리는 절대적입니다. 숨어있는 학교 수업 시간 7시간을 찾아내어 자신의 공부 시간으로 활용한 것만으로도 매일 7시간씩 버리는 학생들과는 경쟁이 되지 않습니다.

'교과서와 기출문제 위주로 공부했다'는 것은 입력 학습과 출력 학습으로 완전한 학습을 했다는 뜻입니다. 수업 시간에 교과서로 개념 이해 위주의 입력 학습을 한 후, 자기주도 학습 시간에 교과서와 기출문제 풀이로 출력 학습을 한 것입니다. 개념을 문제 풀이에 적용하며 개념 이해가 제대로 되었는지 확인하고 필요한 부분을 암기하면서 학습을 완성한 것입니다. 교과서로 입력 학습을, 기출문제 풀이로 출력 학습을 함으로써 완전한 학습을 했다는 것을 말해줍니다.

'사교육보다 자기주도 학습 위주로 공부했다'는 것은 학원을 다니거나 사교육을 받을 때 생기는 시간 낭비를 없애고 자기주도 학습 시간을 확보하여 최대한의 입력 학습과 출력 학습을 했다는 뜻입니다. 학원을 다니는 학생들 중에 학원 수업을 듣는 것만으로 공부를 다 했다고 착각하는 학생들이 많습니다. 하지만, 학원 수업을 듣는 것은 인강을 듣는 것처럼 입력 학습에 불과합니다. 출력 학습이 수반되지 않는다면 학습은 미완성 상태입니다. 반면 자기주도 학습 위주로 공부한 학생들은 교재나 인강을 통해서 입력 학습을 하고, 기출문제 풀이를 통해 출력 학습을 하면서 자신의 부족한 부분을 확인하고 채움으로써 학습의 완성도를 높인 것입니다.

수업 시간에 입력 학습을 한 학생과 그렇지 않은 학생, 교과서와 기출문제로 입력 학습과 출력 학습을 모두 한 학생과 그렇지 않은 학생, 사교육으로 반쪽짜리 입력 학습만 한 학생과 자기주도 학습으로 최대한의 입력 학습과 출력 학습을 한 학생 중 여러분은 어느 쪽에 해당하나요?

이제 왜 그들이 수능 만점자가 되었는지 이해가 되지요?

'가성비 갑 공부법'

학교 수업만 집중해서 들어도 우리에게 필요한 입력 학습은 충분합니다.

간혹 이해 안 되는 부분이 생기면 그 부분만 인강을 들으면 됩니다. 그 외의 자기주도 학습 시간은 최대한 출력 학습 시간으로 활용해야 합니다. 이것이 바로 '가성비 갑 공부법'입니다.

이것은 비단 영어 공부에만 국한되는 것이 아니라 공부의 속성을 가진 모든 영역에 해당됩니다. 앞선 수능 만점자의 인터뷰는 우리에게 수능 만점자들이 '가성비 갑 공부법'으로 공부했다는 것을 보여주는 장면입니다.

'가성비 갑 공부법': 수업 시간에 집중해서 듣기, 교과서와 기출문제 위주로 공부하기, 자기주도 학습 위주로 공부하기

전혀 신선하지도 않고 누구나 다 알고 있는 진부하기 짝이 없는 공부법입니다. 하지만 진부함 속에 진리가 있습니다. 우리가 늘 당연하게 여기는 것에서 새로운 인식과 참신한 아이디어를 발견할 수 있습니다.

이 세 가지 공부법이야말로 공부의 속성을 가장 잘 말해주는 것이고 말하기는 쉽지만 실천하기는 어렵습니다. 어쩌면 그래서 한 공부한다는 수능 만점자들의 입에서 수능 만점 비법으로 매년 같은 레퍼토리가 반복 재생되고 있는지도 모릅니다.

'자기주도' 학습, 여러분은 얼마나 '자기주도적'으로 하고 있나요?

'멘탈 갑 관리법'

자기주도 학습에서 가장 어려운 부분은 흔들리지 않는 멘탈을 유지하는 것입니다.

멘탈 관리를 위해서는 메타인지(meta-cognition), 상황 인식 능력, 회복탄력성(resilience)이 필요합니다. 메타인지란 자신이 무엇을 알고 무엇을 모르는지를 아는 것을 말합니다. 또한, 자신이 모르는 것을 보완하기 위한 계획과 실행과정에 대한 평가도 의미합니다. 지피지기 백전백승(知彼知己 百戰百勝)이듯이 학습에서도 자신의 능력과 상황에 대한 정확한 인식이 있어야만 성공할 수 있습니다. 자신의 현재 능력과 객관적인 현실을 토대로 실현 가능한 목표를 설정하고 부족한 것을 보완하기 위한 계획과 실행을 통해 목표를 달성할 수 있습니다.

자신의 능력과 현실 간 괴리가 클 경우, 멘탈이 흔들리기 쉽습니다. 이때 필요한 것이 회복탄력성입니다. 회복탄력성은 실패나 부정적인 상황을 극복하고 원래의 안정된 심리적 상태를 되찾는 능력을 말합니다. 똑같은 상황에서도 어떤 학생은 자신의 욕심과 현실을 적절히 조율하며 돌파구를 찾는 반면, 어떤 학생은 현실의 높은 벽에 좌절하며 모든 것을 포기해 버립니다.

회복탄력성을 갖기 위해서는 자기효능감(self-efficacy), 자존감(self-esteem, 자아존중감), 삶에 대한 철학과 긍정적인 자세가 필요합니다. 자기효능감은 자신이 어떤 일을 성공적으로 수행할 수 있는 능력이 있다고 믿는 기대와 신념입니다. 성공 경험이 쌓이면 자기효능감이 높아지고 동시에 자존감도 높아집니다. 자존감은 있는 그대로의 나를 사랑하고 존중하는 마음으로 회복탄력성에서 가장 중요한 요소입니다. 자신만의 확고한 삶의 철학과 긍정적인 자세도 멘탈을 잡는데 도움이 됩니다.

욕심과 현실 사이의 간극은 비단 공부뿐만 아니라 우리 삶의 전반에서 수없이 발생하므로 회복탄력성이야말로 인생을 살아감에 있어 가장 중요한 역량입니다. 현실은 통제할 수 없지만 욕심은 스스로 통제할 수 있습니다. 통제 불가능한 현실을 겸허히 받아들이고 통제 가능한 욕심을 어떻게 조절하고 실현할지에 대해 집중하는 지혜가 필요합니다.

'멘탈 갑 관리법', 있는 그대로의 나를 존중하는 것에서부터 시작합니다.

고등 영어,
영역별 공략법

1. 영어 공부, 어디서 어떻게 시작해야 하나요?

영어 공부에 대한 로드맵을 세워라

10년이면 강산이 변하고 30년이면 한 세대가 바뀌는 긴 시간입니다. 10년 전, 30년 전과 지금을 비교해 보면, 21세기 현재 변화의 속도는 과거 그 어느 때보다 빠르고 마치 가속 페달을 밟은 것처럼 점점 더 빨라지고 있습니다. 하루가 다르게 급변하는 상황에서 앞으로 펼쳐질 4차 산업 혁명 시대를 앞두고 얼마나 더 큰 변화와 발전을 경험하게 될지 기대와 우려가 공존하고 있습니다.

교육의 트렌드 또한 변화하는 시대적 요구에 따라 바뀌어 왔습니다. 영어 공부를 시작하기 전에 영어 교육의 방향은 어디로 향하고 있고 지금은 어디쯤 있는지 생각해 볼 필요가 있습니다. 이것은 우리가 영어 공부라는 기나긴 여정을 떠날 때 막다른 골목이나 사잇길에서 헤매지 않고 제대로 된 길을 가게 해주는 길잡이 역할을 할 것입니다.

영어 교육의 방향성을 확인하고 거시적으로 영어 공부의 큰 길을 정했다면 미시적으로 어떤 일정표에 따라 어떤 방법과 속도로 그 길을 갈 것인지에 대한 계획을 세워야 합니다. 각자 자신의 진로와 현재의 상황에 따라 구체적인 계획은 달라질 것입니다. 어떤 사람은 영어 공부의 일정표 기간이 생애주기가 될 수도 있고, 어떤 사람은 대학 입학하는 순간까지일 수도 있습니다. 어떤 사람은 시속 100km로 달려야 하지만, 어떤 사람은 천천히 걸어가도 될 것입니다. 거시적인 로드맵을 그리고 그 속에서 자신의 현재 위치와 상황을 확인한다면 앞으로 나아갈 속도와 방법이 보다 분명해질 것입니다.

'영포인포'라는 말에서도 보았듯이 영어 공부에는 끝이 없습니다. 마치 마라톤 경주와도 같습니다. 마라톤 선수가 마라톤 코스와 자신의 역량을 알고 코스별 전략을 세워 완주하는 것처럼 영어 학습자로서 영어라는 학문의 큰 흐름과 방향을 알고 자신의 진로와 상황에 맞는 로드맵을 세워 영어 공부를 하는 것이 좋습니다. 영어 공부에 대한 아무런 지식이나 계획 없이 무작정 시작하는 것은 마라톤 선수가 100m 단거리 선수처럼 바로 앞만 보고 달리는 오류를 범하는 것과 같습니다.

의사소통능력이 핵심 역량이다

제가 고등학교를 다니던 시절에는 수업의 대부분은 문법 설명으로 이루어졌고, 혼자서 공부할 때도 늘 문법책을 붙들고 있었습니다. 학교 시험에서도 어려운 문법 문제가 많이 출제되었고, 영어를 잘한다는 기준이 문법 지식의 깊이와 넓이였다 해도 과언이 아닐 정도로 문법이 중요했습니다.

하지만 지금은 어떤가요? 학교에서 예전같이 문법 위주로 수업을 하는 선생님은 거의 찾아보기 힘듭니다. 현재 영어 교육에서는 문법보다는 말이나 글을 통해 의미를 전달하는 의사소통능력이 핵심 역량입니다. 언어의 정확한 형태와 형식보다는 언어 본연의 기능인 의미 전달과 의사소통을 중시하는 것입니다. 즉, 교육의 무게 중심이 언어의 형태에서 언어의 기능으로 바뀐 것입니다. 이러한 변화가 예전 문법 위주의 교실 수업 방식을 최근 의사소통을 중시하는 수업 방식으로 확 바꾸어 놓았습니다. 그리고, 이러한 변화는 교실 수업 장면뿐만 아니라 평가에 있어서도 많은 변화를 가져왔습니다.

이러한 추세를 단적으로 보여주는 예가 바로 '대학수학능력시험'입니다. 고등학생의 영어 영역 수학능력을 측정하는 수능 영어 영역 문항 구성을 보면 이러한 변화를 쉽게 알 수 있습니다. 전체 45문항 중 어법 문항은 단 1문항에 불과합니다. 점수로는 100점 만점 중 3점, 겨우 3%에 해당합니다. 나머지 97%를 차지하는 44문항은 의미 전달을 통한 의사소통능력을 측정하는 문항입니다. 긴말이 필요 없는 데이터이지요?

이렇듯, 수능에서 측정하는 영어 영역 수학능력은 97%가 의사소통능력이고 이를 통해 논리력과 종합적인 사고력과 같은 문제해결능력을 측정합니다. 97% 중 읽고 쓰는 능력을 측정하는 독해 문항이 60%, 듣고 말하는 능력을 측정하는 듣기 문항이 37%를 차지합니다. 어법 문항은 겨우 3%로 존재감이 없습니다.

하지만, 현실은 어떤가요? 아직도 많은 학생들이 30년 전 제가 고등학생이었던 시절과 다를 바 없이 재미없고 어려운 문법책을 붙들고 씨름하며 is가 맞는지, are가 맞는지 전전긍긍하고 있습니다. 30년이 흘렀고 수능에서 문법 문항 비율이 겨우 3%에 불과한 지금, 30년 전과 똑같은 방식으로 문법 위주의 영어 공부를 한다면 당연히 시대착오적이라 할 수 있겠지요?

그렇다고 해서 문법 공부가 필요 없다는 이야기가 아닙니다. <u>의미 파악을 위해서도 문법 지식은 필요합니다.</u> 의미 파악을 위해서는 구문 분석이 필요하고 구문 분석을 위해서는 문법적 지식이 필요합니다. 다만, 문법이 왜 필요한지, 문법의 어떤 부분이 필요한지에 대한 이해나 고민 없이 무작정 문법책을 처음부터 끝까지 독파해야 한다는 맹목적인 생각은 위험합니다. 특히 고등학생들은 시간이 많지 않기 때문에 영어 공부를 할 때에도 선택과 집중을 해야 하기에 더욱 그렇습니다.

문법은 어법 문항이 수능 영어에서 차지하는 비중이 3%임에도 불구하고 대부분의 고등학생들이 공부하기 힘들어하면서도 시간 배분을 많이 하는 영역입니다. 따라서, 3%의 어법 문항 보다는 나머지 97%인 듣기와 독해에 훨씬 더 많은 시간과 에너지를 투자하는 것이 현명합니다. 또한, 문법 공부를 할 때에도 <u>3%의 어법 문항을 위한 문법 공부 보다는 60%의 독해 문항을 위한 구문 분석에 도움이 되는 문법 공부를 우선해야 합니다.</u>

요즘 고등학생들은 대학 입시를 위해 해야 할 일들이 너무나 많습니다. 내신 성적 관리, 학교 활동, 수능 공부 어느 하나 소홀히 할 수 없습니다. 게다가 이 모든 것을 동시에 준비해야하기 때문에 주어진 시간을 최대한 효율적으로 배분하고 관리하는 것이 대입의 성패를 좌우한다 해도 과언이 아닙니다. 따라서, 공부를 할 때, 영어 공부를 할 때, 문법 공부를 할 때, 가능한 시간 대비 가성비 높은 공부를 해야 합니다.

쉽고 비중 높은 듣기부터 시작하라

어떻게 하면 가성비 높은 영어 공부를 할 수 있을까요?

수능 영어에서 비중이 높고 쉬운 영역부터 공략하는 것입니다. 듣기, 독해, 어법 중 수능 비중이 높으면서도 가장 쉬운 영역은 듣기입니다. 수능 문항 구성을 다시 살펴보겠습니다. 비중이 큰 순서대로 나열하면 독해(60%), 듣기(37%), 어법(3%) 순입니다. 비중은 독해(60%)가 듣기(37%)보다 높지만 난이도에 있어서는 듣기가 독해보다 훨씬 낮기 때문에 비중이 높고 가장 쉬운 듣기부터 만점을 목표로 공부를 시작해야 합니다.

고등학교 영어 공부는 수능 영어가 기준점이자 종착점입니다. 따라서, 3년간의 영어 공부에 대한 로드맵을 세울 때에는 수능 영어를 최종 목표로 하여 구체적인 계획을 세우고 실행에 옮겨야 합니다. 가성비 높은 공부를 위해서는 수능 비중이 높은 영역을 우선해야 하고, 지속가능한 공부를 위해서는 쉽게 공부할 수 있고 단기간에 성적 향상이 가능한 영역을 우선해야 합니다.

가성비 높고 지속가능한 영역이 바로 듣기입니다.

독해도 쉬운 유형부터 공략하라

듣기 영역에서 자신이 세운 목표를 달성한 후에는 60%의 독해에 집중해야 합니다. 독해는 듣기보다 문항의 변별력과 난이도가 높으며 논리력이나 추론 능력과 같은 고차원적인 사고력과 문제해결능력을 요합니다. 문항 난이도에서 듣기가 최하 단계라면 독해는 최하 단계부터 최상 단계까지 다양한 난이도와 유형의 문항들이 있습니다. 따라서, 60%를 차지하는 독해 영역을 공부할 때에도 무턱대고 하기보다는 최대한 효율적인 방법을 활용해야 합니다.

가성비 높은 영어 공부 방법이 무엇이었나요? 네, 맞습니다. 비중이 높고 쉬운 공부부터 하는 것입니다. 독해 영역도 쉬운 문항부터 공략하는 것이 좋습니다. 독해 문항은 유형에 따라 평가하는 능력과 난이도가 다릅니다. 독해 영역 28문항을 자세히 분석해보면, 배점은 같지만, 난이도는 천차만별입니다. 같은 배점이지만 쉬운 문항을 먼저 해결하는 것이 득점이나 시간 관리에 유리합니다. 독해 문제를 풀 때 번호순으로 하지 말고 쉬운 유형부터 어려운 유형 순으로 하면 응답 시간을 줄이고 정답률을 높일 수 있습니다. 이런 사소한 전략이 실전에서 여러분의 수능 영어를 한 등급 올려주는 필살기가 된다는 사실, 꼭 기억하세요!

의사소통능력은 단어를 아는 힘이다

97%의 의사소통능력을 차지하는 듣기와 독해 영역을 동시에 해결하기 위해서 가장 중요한 것은 무엇일까요?

바로 어휘력입니다. 의사소통은 의미 전달을 하는 것이고 의미 전달은 단어의 의미를 알아야 가능하기 때문입니다. 아무리 고도의 문법 지식으로 무장해 있다 하더라도 단어의 의미를 모른다면 말이나 글의 내용을 전혀 이해할 수 없고 의사소통은 불가능합니다. 따라서, 단어와 숙어를 꾸준히 외우면서 어휘력을 늘리는 것이야말로 영어 공부의 시작이자 끝입니다.

말로 표현되는 듣기에서도 단어의 뜻을 모르면 대화나 담화의 내용을 이해할 수 없고, 글로 표현되는 독해에서도 단어의 뜻을 모르면 지문의 내용이나 맥락을 파악할 수 없습니다. 따라서, 단어의 의미를 아는 것이야말로 의사소통능력의 근간이 되므로 단어를 외울 때에는 단어의 철자보다는 의미에 집중해서 외우는 것이 바람직합니다.

단어는 가성비가 가장 좋은 공부 영역이기도 합니다. 수능 영어에서 97%가 의사소통능력에 관한 문항이기 때문에 단어 공부는 어법 공부에 비하면 비교가 안 될 정도로 활용도와 가성비가 뛰어납니다. 또한, 영어 공부에 부담을 느끼는 학생들일수록 영어 공부를 시작할 때 어렵고 비중이 낮은 문법 보다는 쉽고 비중이 높은 듣기나 단어로 시작하는 것이 좋습니다.

쉬운 듣기와 단어로 공부를 시작하게 되면 어려운 문법이나 독해에 비해 상대적으로 쉽게 재미를 느낄 수 있기 때문에 중간에 포기하지 않고 꾸준히 할 수 있습니다. 또한 점수 비중이 높다 보니 단기간에 성적 향상이 가능하여 성취감을 빨리 느낄 수 있고 강력한 학습 동기가 생깁니다. 이렇게 하루 이틀 계속 공부하다 보면 영어 실력이 점점 향상되고 있는 선순환을 경험하게 될 것입니다.

영어 공부에서 가성비 높은 공부, 즉, 쉽고 비중이 높은 공부가 왜 중요한지 아시겠지요?

공부의 우선순위를 정하라!

성공적인 영어 공부를 위해서는 공부의 구체적인 방법을 고민하기에 앞서 공부의 우선순위를 정하는 것이 먼저입니다. 고등학생이라고 무턱대고 공부 시간만 늘리기보다는 공부할 내용의 우선순위를 정한 다음 공부 방법을 효율적으로 개선해야 합니다. 지속가능하고 가성비 높은 영어 공부를 위해서는 쉽고 비중이 높은 단어·듣기, 독해, 어법 순으로 공부의 우선순위를 정하고 자신의 상황과 수준에 맞는 계획과 학습 전략을 세워 꾸준히 공부하는 것이 중요합니다.

고등학생에게 시간은 금입니다. 1분 1초라도 효율적으로 쓰고 관리하는 것이 중요합니다. 무턱대고 손에 잡히는 대로 공부하기보다는 수능 영어에 대한 정확한 분석을 토대로 문항 비중과 공부 시간의 균형을 맞추고 영어 공부에 있어서 자신의 우선순위와 투자 시간을 현명하게 정해야 합니다.

고등학생에게 시간 관리 능력은 가장 중요한 능력이자 경쟁력입니다. 저마다 타고난 재능은 다르지만, 주어지는 시간은 똑같습니다. 재능이나 현재 실력이 다소 부족하다면 자신의 시간 관리 능력으로 메울 수 있습니다. 하지만, 지금까지 낭비한 시간들을 타고난 재능만으로 메울 수는 없습니다.

영어 공부는 마라톤 경주와 같다고 했습니다. 마라톤 선수에게 가장 중요한 것은 빠른 발보다 42.195km를 완주할 수 있는 끈기와 페이스 조절 능력입니다. 우리가 잘 알고 있는 '토끼와 거북이' 이야기를 떠올려 보세요. 결국 달리기 경주의 승자는 빠른 발과 좋은 머리를 타고난 토끼가 아니라 느리지만 꾀부리지 않고 쉼 없이 기어간 거북이였습니다.

모두에게 똑같이 주어진 24시간입니다. 토끼처럼 꾀만 부리다가 시간을 허비할지, 거북이처럼 우직하게 1분 1초도 허투루 쓰지 않고 끝까지 최선을 다할지는 여러분이 선택할 수 있습니다. 토끼와 거북이 중 여러분의 선택은 무엇인가요?

2. 단어, 이렇게 외우세요!

영어 공부의 기본은 단어다

단어, 듣기, 독해, 문법 중 영어 공부에서 가장 중요한 것은 무엇일까요?

저는 단어를 고르겠습니다. 언어의 가장 중요한 기능은 의사소통입니다. 의사소통이란 말이나 글의 의미를 파악하고 전달하는 것이기 때문에 말이나 글의 최소 단위인 단어의 의미를 아는 것이 영어 공부의 시작입니다.

수능 영어 영역의 구성을 한번 볼까요? 3%만이 어법에 해당되고 97%가 의사소통능력에 해당됩니다. 이 수치만 보더라도 수능 영어에서 단어의 중요성은 아무리 강조해도 지나치지 않을 것입니다. 의사소통능력 중에서는 37%가 듣기, 60%가 독해를 차지합니다. 듣기보다 독해의 비중이 크고 어휘의 양도 방대하기 때문에 독해를 정복하기 위해서도 어휘력이 결정적이라고 할 수 있습니다.

그러면, 이렇게 중요한 단어를 효과적으로 학습할 수 있는 비법은 없는 걸까요?

물론 있습니다. 효과적인 단어 암기 방법을 배우기 전에 우선 우리 뇌에서 단어가 학습되는 과정과 원리를 이해할 필요가 있습니다. 단어를 외우는 방법은 사람마다 각양각색입니다. 알파벳순으로 된 단어집을 첫 장부터 순서대로 외우는 사람이 있는가 하면, 주제별 단어집을 외우기도 하고, 독해 문제를 풀면서 모르는 단어들을 따로 단어장에 정리해서 외우기도 합니다. 요즘은 스마트폰 앱을 이용해서 단어를 학습하고 외울 수도 있어 IT기술을 활용하는 방법도 있을 것입니다.

이중 가장 피해야 할 방법은 바로 알파벳순으로 단어를 외우는 것입니다. 단어를 암기한다는 것은 단어를 장기 기억 창고에 넣어두고 필요할 때 언제든지 꺼내어 쓸 수 있는 상태로 만드는 것을 말합니다. 아무런 맥락 없이 알파벳 순서로 나열된 단어들을 기계적으로 외울 경우, 단기 기억에만 잠시 머물 뿐 장기 기억으로 전환되지 않습니다. 결국 암기가 제대로 되지도 않고 시간만 낭비한 꼴이 됩니다. 따라서, 단어를 외울 때에는 장기 기억에 유리한 단어 암기법을 활용해야 합니다.

장기 기억에 주목하라

단어를 효과적으로 암기하기 위해서는 우선 우리 뇌에서 일어나고 있는 기억의 메커니즘을 이해할 필요가 있습니다. 인간의 기억에는 단기 기억과 장기 기억이 있습니다. 우리의 뇌는 단기 기억 중 불필요한 것은 삭제하고 꼭 필요한 것만 장기 기억으로 저장합니다. 단기 기억과 장기 기억은 기억의 지속 시간만 다른 것이 아니라 기억의 메커니즘 또한 완전히 다릅니다.

단기 기억은 뇌세포 회로의 말단에서 신경전달물질이 좀 더 많이 나옴으로써 일시적인 잔상으로 기억이 잠시 남아 있는 것입니다. 따라서, 시간이 조금만 지나면 금방 잊혀지게 됩니다. 반면, 단기 기억이 장기 기억으로 전환되는 것은 뇌세포에서 새로운 회로를 만드는 유전자의 스위치가 켜져 뇌세포와 뇌세포 사이에 새로운 신경 회로망이 생기는 현상입니다. 새로운 회로가 생기면 그 회로가 몇 시간에서 몇 주까지도 지속돼 기억이 장기간 저장되며 이것이 바로 장기 기억이 되는 것입니다.

이렇게 단기 기억을 장기 기억으로 전환시키는 것은 우리 뇌의 해마가 담당하고 있습니다. 해마는 장기 기억뿐만 아니라 소리나 촉감과 같은 신경 자극을 처리하고, 기억을 공간화하고 입체화합니다. 기억을 입체적인 공간으로 보기 때문에 이 공간에 감성요소, 이야기 구조, 연상 작용 등이 가미되면 더욱 더 강하고 촘촘한 신경 회로가 생겨 단기 기억을 효과적으로 장기 기억으로 전환시키고 오래 유지시킵니다.

반면, 이와 동시에 뇌는 쓰지 않는 회로를 계속 없앱니다. 쓰지 않는 회로란 자극이 없는 회로를 말합니다. 따라서, 지속적인 자극이 없다면 자극 받지 않는 신경 회로는 소멸되고 기억도 점점 사라지게 됩니다. 따라서, 기억을 잊어버리지 않고 장기 기억으로 오래 유지하기 위해서는 지속적이고 다양한 신경 자극을 통해 신경 회로를 튼튼하고 촘촘하게 만들어야 합니다.

반복하고, 연상하고, 출력하라!

장기 기억의 신경 회로망을 튼튼하고 촘촘하게 만들어 주는 신경 자극을 제공해 주는 단어 학습법이 바로 반복 학습, 연상 학습, 출력 학습입니다.

반복 학습은 학습하는 대상에 자주 반복적으로 노출되는 것을 말합니다. 반복 학습을 통해 같은 단어를 자주 보면서 노출 빈도가 높아지면 똑같은 신경 자극을 지속적으로 받은 신경 회로는 더 강해지고 두꺼워지므로 장기 기억이 오래 유지됩니다. 따라서, 반복 학습은 반복되는 주기가 적절히 짧고 횟수가 높을수록 효과적입니다.

연상 학습은 기억을 입체적인 공간으로 보고 감성요소, 이야기 구조, 연상 작용 등의 신경 자극을 통해 기억을 공간화하고 입체화함으로써 신경 회로를 더 튼튼하고 촘촘하게 만들어 장기 기억을 오래 유지시키는 원리입니다. 단어를 외울 때 단순히 단어의 의미만 외우는 것이 아니라 예문이나, 연상 작용, 글의 맥락 등을 이용하여 단어를 학습하고 외우는 것을 말합니다. 연상 학습을 하게 되면 문맥이나 연상 작용 등을 통해 단어를 기억할 수 있는 기억 단서들이 새로운 신경 회로망에 더 촘촘히 연결되면서 기억이 입체화되고 이는 신경 회로를 더욱 강력하게 만들어 장기 기억을 오래 유지시킵니다.

출력 학습은 입력 학습과 대조되는 개념으로 단어를 눈으로 보면서 머릿속으로만 생각하는 것이 아니라 머릿속에 있는 단어를 직접 입으로 소리 내어 발음하거나 손으로 쓰면서 암기하는 방법입니다. 앞서 해마는 장기 기억뿐만 아니라 소리나 촉감과 같은 신경 자극도 처리한다고 하였습니다. 따라서 단어를 외울 때 말하거나 쓰면서 외우게 되면 우리 뇌 속의 해마가 소리나 촉감의 신경 자극을 처리하는 과정에서 단어와 관련된 새로운 신경 회로를 만들어 내기 때문에 장기 기억 회로를 더 강하게 만듭니다.

학습은 뇌세포와 뇌세포 사이에 새로운 신경 회로를 만들어 단기 기억이 장기 기억으로 전환될 수 있도록 뇌신경에 자극을 주는 과정입니다. 따라서, 우리 뇌가 어떤 원리로 기능하는지에 대한 이해가 선행되어야만 어떠한 뇌신경 자극을 제공해야 하고, 적절한 뇌신경 자극을 제공하기 위한 효과적인 학습 방법이 무엇인지 알

수 있습니다.

반복 학습, 연상 학습, 출력 학습을 하게 되면 우리 뇌 속의 해마는 단어를 효과적으로 단기 기억에서 장기 기억으로 전환시킬 수 있고, 그 결과 우리는 단어를 쉽게 암기하고 오래 기억할 수 있게 됩니다. 이 세 가지 학습 단계를 거치면서 장기 기억 창고에 쌓인 단어는 체득된 상태로 몸이 단어를 기억하게 되고 비로소 온전히 나의 언어가 됩니다.

결론적으로, 장기 기억을 위해 가장 강력하고 효과적인 뇌신경 자극 학습법은 반복 학습, 연상 학습, 출력 학습을 모두 이용하는 것입니다. 예컨대, 단어 학습을 할 때 유의미한 맥락 속에서 단어를 소리 내어 발음하면서 외우고 꾸준히 반복해서 학습하는 것입니다.

이러한 학습법은 비단 단어에만 국한되지 않고 모든 학문 분야에 적용할 수 있는 효과적인 학습 방법입니다.

'나만의 단어장'을 만들라!

단어 암기 3단계 학습법(반복 학습-연상 학습-출력 학습)의 실천 방법을 알려드리겠습니다.

바로 '나만의 단어장'입니다. '나만의 단어장'을 활용하면 반복 학습, 연상 학습, 출력 학습이 모두 가능합니다. 시중에 나와 있는 단어장 말고 나에게 특화된 단어장을 만들어야 합니다. 예컨대, 독해 문제를 풀다가 모르는 단어가 나오면 '나만의 단어장'에 정리하여 자투리 시간이 날 때마다 단어장을 보면서 외우는 것입니다. 단어장을 활용하면 손쉽게 이용 가능하기 때문에 자주 반복 학습을 할 수 있습니다.

또한, 문장이나 맥락이 단어의 의미를 연상하는 기억 단서가 되므로 연상 학습이 가능합니다. 유의미한 문맥을 통해 단어를 기억하는 신경망 회로가 추가로 생기면서 단어가 장기 기억으로 전환되어 쉽게 암기하고 오랫동안 기억하게 됩니다. 단어의 의미는 단어가 속한 문장이나 지문의 내용과 연관되기 때문에 단어의 의미를 맥락 속에서 입체적으로 기억함으로써 연상 학습이 가능합니다.

단어장을 직접 만들고 외우는 과정에서는 출력 학습이 이루어집니다. 머릿속에만 있던 단어를 직접 단어장에 손으로 써보고 입으로 발음하면서 귀로 듣는 일련의 정보 출력 과정을 통해 출력 학습이 이루어집니다. 우리 뇌 속의 해마는 기억을 처리하면서 소리나 촉감과 같은 다른 신경 자극도 같이 처리하기 때문에 손으로 써보고 소리 내어 말하는 출력 학습 과정에서 여러 신경 자극이 뇌세포를 자극하여 새로운 연관 회로가 생기면서 장기 기억으로 쉽게 전환되고 오래 유지됩니다.

단어를 학습하고 암기하는 방법이 단 한 가지일 수는 없습니다. 자신에게 가장 효과적인 단어 학습법은 사람마다 다를 수 있습니다. 다만, 독해 문제를 풀 때 만나게 되는 낯선 단어들은 '나만의 단어장'에 정리하여 암기하는 것이 효과적입니다. 독해 문항을 풀면서 단어까지 해결할 수 있기 때문에 1석 2조의 학습 효과를 얻을 수 있습니다. 수능 영어 공부의 4개 영역인 단어, 듣기, 독해, 문법 중 단어와 독해 2개 영역을 한 번에 해결할 수 있으니 효율적인 학습 방법이지요?

단어 100개를 한 번에 완벽하게 암기하기 위해서는 총 68회를 보아야 한다고 합니다. 하지만, 며칠에 걸쳐 반복해서 보게 되면 더 적은 횟수로도 암기가 가능하다고 합니다. 반복 학습이 중요한 이유입니다. 따라서, 단어 학습을 할 때에는 일부러 학습 시간을 마련해서 한 번에 집중적으로 암기하는 것보다는 짧은 시간이라도 최대한 자주 반복하는 것이 좋습니다.

일과 중 자투리 시간을 활용하여 틈날 때마다 자주 단어장을 보는 것이 훨씬 더 효과적입니다. 대중교통으로 통학을 한다면 버스나 전철에서, 학교에서 쉬는 시간이나 점심시간에, 화장실에서 오래 앉아 있을 때, 집에서 잠들기 전 침대에 누워있을 때와 같이 하루에 그냥 버려지기 쉬운 시간들이 의외로 많습니다. 이런 자투리 시간들을 잘 활용한다면 시간 관리나 단어 학습면에서 여러모로 유리합니다.

앞으로는 이런 금쪽같은 시간이 생기면 스마트폰 말고 '나만의 단어장'을 열어 보는 건 어떨까요?

'나만의 단어장'은 나의 장기 기억 창고다

'나만의 단어장' 학습법을 활용하면 내가 모르는 단어를 확인할 수 있고, 그 중에서도 잘 외워지지 않는 단어들을 선택적으로 집중해서 외울 수 있기 때문에 효율적인 단어 암기 전략이 됩니다.

'나만의 단어장'은 쉽게 꺼내어 볼 수 있으므로 반복 학습에 유리하고, 독해 문장이나 지문의 맥락을 기억 단서로 연상 학습이 가능하고, 단어를 정리할 때 손으로 쓰고 외울 때 입으로 소리 내면서 출력 학습이 가능하기 때문에 단어들이 기억 회로에서 소멸되지 않고 장기 기억 창고에 차곡차곡 쌓이게 됩니다.

만약 단어장으로 단어를 외우는 것이 재미가 없어서 꾸준히 하기 힘들거나 특별히 잘 외워지지 않는 단어가 있다면 다른 방법을 병행해 보는 것도 좋습니다. 단어 학습 사이트나 앱을 활용하여 좀 더 재미있고 역동적인 방법으로 학습을 시도해 보는 것도 좋은 대안이 될 것입니다.

'나만의 단어장'이 계속 쌓이면 '나만의 사전'이 되고 '나만의 영어 히스토리'가 완성됩니다. 내가 모르는 단어들만 있으므로 시간 낭비 없이 공부할 수 있습니다. 암기에 성공한 단어들은 O표해서 학습 완료를 표시하고, 체크 표시되어 있는 단어들만 학습하면 되기 때문에 선택적이고 효율적인 학습이 됩니다. 또한, 외운 지 오래되어 기억이 희미해진 단어들도 지속적인 단어 학습이 가능합니다. '나만의 단어장'은 영어 독해에서 가장 중요한 단어 학습에 있어서 선택과 집중을 할 수 있게 해주기 때문에 단순하지만 효과적인 방법입니다.

'Constant dripping wears away a stone.'이라는 영어 속담이 있습니다. 물방울이 계속 떨어지다 보면 언젠가는 바위도 뚫는다는 이야기입니다. 시작은 미약하더라도 꾸준히 하다 보면 결국 처음에 불가능해 보였던 일도 가능해진다는 의미입니다.

단어 학습도 마찬가지입니다. 단어를 외우는 것이 단순하고 쉬워 보이지만, 끝이 없는 지난한 과정이고 결국 포기하기 쉽습니다. 자신과의 치열한 싸움이고 매일 해야 하는 싸움이기에 더욱 더 어렵고 험난한 여정입니다. 이 여정을 극복할 수 있는 비책은 무엇일까요? 바로 은근과 끈기입니다.

바위를 뚫기 위해 영겁의 시간 동안 물방울은 몇 번이나 자신의 몸을 바위에 부딪쳤을까요? 여러분도 오늘부터 첫 번째 물방울을 바위에 떨어뜨린다는 각오로 '나만의 단어장'이라는 전쟁터에서 자신과의 치열한 전투를 시작해 보는 건 어떨까요?

TIP_ '나만의 단어장' 사용설명서

01 '나만의 단어장'을 만들어 독해에서 모르는 단어를 뜻과 함께 정리한다.

02 (1단계) 단어를 외운 후 단어와 뜻을 각각 가린 상태에서 소리 내어 뜻과 단어를 말하면서 암기 상태를 점검하고, 암기 안 된 단어는 ∨표시한 후 집중적으로 암기한다.

03 (2단계) ∨표시된 단어의 암기 상태를 점검하여 암기 성공한 단어에는 ∨표시에 ○표하여 학습 완료를 표시하고, 암기 실패한 단어는 예문을 추가로 정리하고 외운다.

04 (3단계) 2단계에서 예문을 추가로 정리한 단어의 암기 상태를 점검하여 암기 성공한 단어에는 ∨표시에 ○표하여 학습 완료를 표시하고, 암기 실패한 단어는 예문을 같이 외운다.

05 (4단계) 3단계에서 예문을 같이 외운 단어의 암기 상태를 점검하여 암기 성공한 단어에는 ∨표시에 ○표하여 학습 완료를 표시하고, 암기 실패한 단어는 하이라이트로 표시하고 포스트잇에 단어 카드를 만들어 책상 앞이나 잘 보이는 곳에 붙여두고 수시로 보면서 외운다.

06 대부분의 단어는 2단계에서 암기되므로 3, 4단계까지 가는 경우는 많지 않다. 단계별 세부 방안은 각자에 맞게 활용한다.

3. 듣기, 이렇게 정복하세요!

듣기 만점부터 확보하라!

영어 듣기, 일주일에 몇 시간 하고 있나요?

의외로 많은 학생들이 듣기 연습에 따로 시간을 투자하지 않습니다. 수능 영어 영역에서 듣기 평가의 중요성을 간과하고 있기 때문입니다. 이것은 매우 잘못된 전략입니다. 수능 영어 공부법의 1단계 전략은 바로 듣기 평가에서 만점(37점)을 확보하는 것입니다.

듣기 평가는 수능 영어 영역 100점 중 37점을 차지할 정도로 비중이 높습니다. 총 45문항 중 17문항을 차지하고 있으며 2점 문항 14개, 3점 문항 3개로 구성됩니다. 듣기는 방송에 맞춰 문제를 풀면 되기 때문에 독해처럼 문제를 더 빨리 풀기 위해 애쓸 필요가 없고 방송에만 집중하여 듣고 답하면 됩니다. 배점이 같은 문항이라도 듣기가 독해보다 난이도가 낮아 득점이 용이하기 때문에 듣기는 무조건 만점을 목표로 전략을 세워야 합니다.

듣기가 독해보다 쉬운 이유는 다양합니다. 듣기 평가는 친근하고 익숙한 일상적인 대화 상황에서의 의사소통능력을 평가합니다. 따라서, 구어체 표현이 주로 사용되기 때문에 어휘가 쉽고 친숙합니다. 원어민 성우들의 대화 속도도 실제 원어민의 발화 속도보다 느리고 발음도 명확하기 때문에 대화의 내용 또한 이해하기가 쉽습니다. 출제되는 총 17문항의 유형과 패턴이 거의 정해져 있고 문제 수준도 평이합니다. 독해처럼 고도의 사고력이나 논리력을 측정하는 어려운 문제가 아니고 사실 확인을 통한 내용 일치나 간단한 추론으로 응답할 수 있는 쉬운 문제들로 구성되어 있습니다.

따라서, 영어 실력이 부족한 학생이라 할지라도 지금 이 순간부터 꾸준히 듣기 연습을 한다면 듣기는 독해와는 비교가 안 될 정도로 단기간에 성적을 향상시킬 수 있는 영역입니다. 수능 영어에서 1순위로 정복해야 하는 영역이 왜 듣기인지 이제 이해가 되지요?

　누구든 만점을 받을 수 있는 영역이 바로 듣기입니다.

듣기, 기출 문제 풀이로 대비하라

　듣기 평가 문항의 구성과 유형, 배점은 매년 비슷하기 때문에 듣기 연습을 할 때에도 기출 문제를 활용하는 것이 가장 좋습니다. 듣기 평가에 출제되는 대화나 담화의 내용이나 상황, 어휘 또한 유사합니다. 따라서, 최근의 출제 경향을 파악하기 위해서는 문제 풀이를 할 때 최근 기출 문제부터 풀어보는 것이 좋습니다.

　듣기의 문항 구성은 크게 4가지 유형으로 나뉩니다. 맥락 파악 유형, 중심 내용 파악 유형, 세부 내용 파악 유형, 간접 말하기 유형입니다. 이 중 맥락 파악과 중심 내용 파악 유형이 가장 쉬운 유형으로 각각 3문항씩 6점, 총 12점을 차지합니다. 다음으로 난이도가 높은 유형은 세부 내용 파악 유형으로 6문항 13점을 차지하고, 이 중 1문항은 3점 문항입니다. 가장 어려운 유형은 간접 말하기 유형으로 5문항 12점을 차지하고 있으며, 이 중 2문항이 3점 문항입니다.

　세부 내용 파악 1문항과 간접 말하기 2문항은 3점 문항으로 배점이 크지만, 배점이 같은 독해의 3점 문항에 비해서는 훨씬 쉽기 때문에 듣기의 3점 문항은 반드시 해결해야 합니다.

　평소 기출 문제 풀이를 통해 문제 유형에 익숙해짐으로써 실전에서 문제를 빨리 파악하고 해결할 수 있도록 해야 합니다. 듣기는 연습을 통해 들을수록 귀가 뚫리고, 귀가 뚫리면 내용이 쉽게 이해되면서 답이 바로 보입니다.

　꾸준함만 있다면 가장 먼저, 가장 쉽게 정복할 수 있는 영역이 바로 듣기입니다.

듣기 단어는 발음하며 암기하라

듣기에서 귀가 뚫리게 하기 위해서 가장 중요한 것은 어휘입니다. 자신이 모르는 단어나 숙어는 아무리 들어도 들리지 않습니다. 설령 아는 단어라 할지라도 그 단어의 발음이나 액센트를 잘못 알고 있거나 발음에 익숙하지 않으면 아는 단어라도 들리지 않습니다. 따라서, 듣기에서 단어를 분별하기 위해서는 문자 정보보다는 소리 정보에 익숙해져야 하기 때문에 단어의 정확한 발음을 아는 것이 매우 중요합니다.

듣기 문제를 풀 때 평소에 몰랐던 단어나 숙어, 구어체 표현들이 나오면 '나만의 단어장'이나 오답 노트에 정리하여 바로 외워야 합니다. 단어를 암기할 때는 뜻뿐만 아니라 소리도 중요하기 때문에 반드시 소리 내어 정확한 액센트로 발음하면서 단어의 발음과 연음, 액센트, 억양까지 모두 외워야 합니다.

간접 말하기 유형에 대비하라

듣기는 사람과 사람 사이에 주고 받는 말을 대화나 담화의 형태로 듣고 이해하는 능력을 통해 의사소통능력을 평가하는 영역입니다. 겉으로 보기에는 듣기 능력만을 평가하는 것처럼 보이지만 실제로는 듣기뿐만 아니라 말하기 능력도 같이 평가합니다.

예컨대, 대화나 담화를 듣고 들은 내용에 대한 이해도를 측정하는 문항은 듣기 역량을 평가하는 문항이고, 대화나 담화의 내용을 듣고 화자의 입장에서 상황에 맞게 해야 할 말을 선택하는 문항은 말하기 역량을 평가하는 문항으로 볼 수 있습니다.

이처럼 듣기를 통해 말하기 역량을 측정하는 문항이 '간접 말하기' 유형입니다. 간접 말하기 유형은 맥락 파악, 중심 내용 파악, 세부 내용 파악 유형에 비해 추론 능력과 종합적인 사고력을 요합니다. 또한, 영어로 된 선택지에서 답을 고를 때 순간적인 판단력과 직관적인 문제해결능력이 필요하기 때문에 듣기 평가에서 가장 어려운 유형에 속합니다.

이렇게 난이도가 높은 간접 말하기 유형에 완벽하게 대비하기 위해서는 평소 듣기에 자주 출제되는 대화나 담화 상황들을 많이 접하면서 의사소통 상황에 따른 주요 어휘와 표현들을 미리 익혀두어야 합니다. 각각의 어휘와 표현들이 갖고 있는 의미와 기능을 숙지하고 있어야만 대화나 담화의 상황을 빨리 이해하고 선택지에 제시된 의사소통 기능별 표현들을 직관적으로 파악하여 문제해결력을 향상시킬 수 있습니다.

듣기 만점자만 독해를 시작하라

문항의 난이도를 고려할 때 듣기는 독해에 비해 효율이 매우 높은 영역입니다. 독해에 자신감이 떨어지는 학생들일수록 난이도가 낮은 듣기를 먼저 공략하여 37점을 우선 확보하는 전략을 세워야 합니다.

듣기만 만점을 받아도 7등급이고, 듣기 만점에 독해 2문제만 맞혀도 6등급이며, 듣기 만점에 독해 난이도 최하 유형 8문제만 맞혀도 5등급이 확보됩니다. 따라서, 난이도가 낮고 비중이 높은 듣기에서 만점을 확보한 다음, 독해의 쉬운 유형에서부터 점수를 차근차근 확보하여 한 단계씩 등급을 향상시키는 것이 전략의 핵심입니다.

사람들에게는 보편적인 듣기 능력이 있고, 개인 간 듣기 능력의 차이는 독해 능력의 차이만큼 크지 않습니다. 영어를 한 마디도 못했던 사람들이 영어권 국가에서 살다 보면 말을 유창하게 잘하지는 못해도 그 나라 사람들이 말하는 것을 쉽게 알아듣고 이해하는 경우를 흔히 볼 수 있습니다. 이와 같이, 듣기는 말하기, 읽기, 쓰기와는 달리 영어의 기초가 부족하더라도 꾸준히 연습한다면 누구든지 정복할 수 있는 영역입니다.

듣기 만점, 결코 어렵지 않습니다. 독해가 어렵다구요? 그럼 듣기부터 시작하세요!

연습이 최고의 전략이다

'Practice makes perfect.'라는 말이 가장 잘 적용되는 곳이 바로 듣기입니다. 흔히 '귀가 뚫린다'는 말을 합니다. ESL(English as a Second Language, 제2언어) 환경에서는 귀가 저절로 뚫릴 수 있습니다. 하지만, 우리는 EFL(English as a Foreign Language, 외국어) 환경에서 공부하고 있기 때문에 피나는 노력으로 귀를 뚫어야만 영어가 들립니다.

듣기는 꾸준히 기출 문제를 풀면서 연습하는 것이 최선입니다. 최신 문제부터 시작해서 듣기 평가 기출 문제들을 충분히 풀어보면서 문제 유형을 익힙니다. 독해에서는 문어체 영어가 쓰이는데 반해 듣기에서는 주로 구어체 영어가 쓰이기 때문에 어휘가 쉽고 실생활과 관련된 실용적인 표현들 위주여서 듣기뿐만 아니라 말하기 능력에도 실질적인 도움이 됩니다.

문제 풀이 과정에서 새롭게 알게 된 어휘는 듣기 단어장에 따로 정리하고 외웁니다. 단어를 외울 때는 반드시 소리 내어 발음해보고 정확한 발음도 같이 외워야 합니다.

모르는 단어 하나 때문에, 아니 아는데 들리지 않는 단어 하나 때문에 다 잡아 놓은 물고기를 놓쳐서는 절대 안 됩니다.

듣기평가 시간에 독해도 풀어야 하나요?

듣기 평가 문항을 풀면서 독해 문항을 동시에 푸는 학생들이 있습니다. 독해 영역이 풀이 시간이 많이 소요되기 때문에 시간 확보를 위해 전략적으로 유용한 방법일 수도 있습니다.

하지만, 듣기 실력이 안정적이지 않은 경우에는 독해 문제와 병행하다가 오히려 쉽게 해결할 수 있는 듣기 문제를 눈앞에서 놓칠 수 있습니다. 듣기를 독해와 병행하고자 한다면 반드시 자신의 듣기 실력에 대한 점검이 선행되어야 합니다. 듣기에서 안정적으로 만점을 받을 수 있는 실력인지 점검해 보고, 만점을 받을 만한 실력이 아니라면 듣기 평가에만 집중하는 것이 현명합니다.

만약 듣기를 독해와 병행한다면 독해에서 난이도 최하 유형(안내문 내용 일치, 글의 내용 일치, 도표 내용 일치, 글의 목적, 심경·분위기, 글의 주장·요지) 문항으로 한정하는 것이 좋습니다. 독해 난이도 최하 유형은 선택지가 우리말이거나 지문의 세부 정보만 확인하면 됩니다. 고도의 집중력을 발휘하지 않고도 쉽게 해결할 수 있는 유형이기 때문에 듣기 방송의 사이 시간에 문제 해결이 가능합니다.

하지만, 듣기 평가 문항 중 금액 계산이나 간접 말하기 유형의 3점 문항은 내용이 복잡하고 문제가 까다로우며 배점이 큽니다. 듣기를 독해와 병행한다 하더라도 이런 문항을 풀 때에는 오직 듣기 평가에만 집중해야 합니다.

듣기 3점 문항은 독해 3점 문항보다 훨씬 쉽기 때문에 반드시 득점으로 연결해야 한다는 것을 명심하세요!

| 듣기 기출 문제 풀이 전략 |

1. 첫 번째 듣기

- 첫 번째 듣기에서 기출문제 1회 분량(1번부터 17번까지)을 실제 시험처럼 한 번에 듣고 푼다.
- 풀면서 잘 안 들리는 부분이 있거나 정답에 확신이 없는 문제는 문제 번호에 ∨표시한다.
- 채점하면서 틀린 문제는 문제 번호에 X표시한다.

2. 두 번째 듣기

- 두 번째 듣기에서 X표시된 오답 문제와 잘 안 들려서 ∨표시한 문제만 다시 한번 더 듣고 푼다.
- 두 번째 듣기에서 발음이 들리고 내용 이해가 되었으면 X나 ∨표시에 O표시하고 넘어간다.
- 두 번째 듣기에서도 잘 안 들리거나 이해되지 않는 문제는 다시 ☆표시한다.

3. 세 번째 듣기

- 세 번째 듣기에서는 ☆표시한 문제만 대본(script)을 보면서 듣고, 잘 안 들렸던 단
  어에 형광펜으로 표시하고 단어의 뜻과 발음을 확인한다.

- 형광펜 표시 단어가 아는 단어인데도 잘 들리지 않은 경우, 사전에서 단어의 정확한
  발음을 확인한 후 듣기 방송의 원어민 발음과 비교해 본다. 단어의 발음, 강세, 연음
  에 유의하여 직접 발음하면서 외운다.

- 형광펜 표시 단어가 모르는 단어여서 잘 들리지 않은 경우, 듣기용 단어장에 따로 단
  어를 정리한 후, 발음과 강세, 연음이 익숙해질 때까지 직접 발음하면서 단어의 뜻과
  함께 외운다.

TIP_ 듣기 기출 문제 풀이 전략

01 최근 기출 문제부터 꾸준히 연습하기.

02 안 들리는 문항은 최대 3번까지 듣고 풀기.

03 듣기 평가 빈출 어휘 따로 단어장에 정리해서 외우기.

04 단어 외울 때는 직접 발음하면서 뜻과 발음까지 같이 외우기.

05 듣기 만점자만 듣기를 독해와 병행해서 풀기.

06 듣기를 독해와 병행해서 풀 때는 독해 난이도 최하 유형(안내문 내용 일치, 글의 내용
일치, 도표 내용 일치, 글의 목적, 심경·분위기 글의 주장·요지)으로 한정하기.

07 금액 계산과 3점 문항은 독해와 병행해서 풀지 않기.

08 마지막 16~17번 1담화 2문항은 처음 들려줄 때 2문항 모두 답하고 바로 독해 영역
으로 넘어가기.

4. 독해, 이렇게 읽으세요!

독해의 기본은 단어다

듣기를 정복했다면 다음은 60%를 차지하는 독해를 공략할 차례입니다.

독해는 유형에 따라 난이도와 풀이 전략이 다르기 때문에 평소에 유형별로 문제 풀이 연습을 충분히 하여 실전에서 문제를 빠르고 정확하게 해결할 수 있도록 대비해야 합니다. 유형별 실전 문제 풀이 전략에 대해서는 책의 후반부에서 자세히 다루도록 하겠습니다.

독해에서 고득점을 받기 위해서는 평소 꾸준히 단어와 숙어를 외워서 어휘력을 최대한 늘려야 합니다. 문법 지식이 완벽해도 단어를 모르면 글의 내용을 알 도리가 없습니다. 반면에 문법을 잘 몰라도 단어나 숙어의 의미를 알고 있으면 대략적인 글의 내용을 파악할 수 있습니다.

독해 문항은 글의 내용에 관한 문제들이기 때문에 문법 지식보다는 어휘력이 중요합니다.

독해력의 밑바탕은 독서력이다

어휘력 다음으로는 글의 주제와 논리적 흐름을 파악하는 능력이 중요합니다.

수능 영어는 영어로 되어 있지만 궁극적으로는 국어적 능력을 요하는 시험입니다. 대부분의 문항이 주제와 관련되어 있기 때문에 내용이 이해되더라도 주제를 파악하지 못하면 정답을 찾기가 힘듭니다. 글의 목적, 주장, 요지, 주제, 제목, 함축적 의미, 문단 요약, 빈칸 추론과 같은 유형들은 글의 주제를 파악해야 답할 수 있는 유형들입니다. 이런 유형은 논리적이면서도 직관적 사고를 요하기 때문에 정답과 오답을 분별하기가 쉽지 않습니다.

난이도가 높은 독해 문항은 글의 주제뿐만 아니라 글의 논리적 흐름도 파악해야 해결할 수 있습니다. 글의 순서, 문장 위치, 흐름에 무관한 문장, 어휘 적절성 등은 글의 내용과 흐름을 이해해야 해결할 수 있는 문제들입니다. 부분적인 의미 파악을 넘어 전체 글의 내용과 구조를 볼 수 있는 안목이 필요합니다. 평소 다양한 분야의 꾸준한 책 읽기와 논리적 글쓰기 연습을 통해 큰 틀에서 글을 볼 수 있는 안목을 키우는 것이 도움이 됩니다.

수능 독해는 시간 싸움입니다. 독해 영역에서 측정하고자 하는 것은 제한된 시간에 글을 읽고 의미를 파악하는 능력입니다. 해박한 배경 지식과 속독속해 능력이 중요한 이유입니다. 수능 지문에서는 인문학부터 자연 과학, 예술에 이르기 까지 다양한 소재와 주제들을 다루고 있습니다. 기초 학술문의 경우 글의 소재나 주제가 낯설고 수사법이나 표현 방식이 난해하여 우리말 해석을 읽어도 어떤 내용인지 이해되지 않는 경우가 많습니다.

게다가, 읽어야 하는 지문의 길이도 길기 때문에 주어진 시간 내에 어렵고 긴 지문을 정확하게 읽고 이해하기 위해서는 읽기 능력의 유창성을 기르는 것이 무엇보다 중요합니다. 이를 위해서는 글을 이해하는 데 도움이 되는 배경 지식을 쌓고, 문자정보를 빠르게 읽고 정보처리를 할 수 있는 능력을 키워야 합니다.

풍부한 상식과 다방면의 지식은 문해력의 밑거름이 되므로 평소 폭넓은 분야의 독서를 생활화하여 지식 창고를 늘리고 속독속해의 리듬을 몸에 익히는 것이 좋습니다.

최고난이도 문제를 풀 수 있는 고도의 논리력, 통찰력과 같은 종합적인 사고력은 책 읽기의 습관화를 통해서 얻어질 수 있습니다. 영어 시험은 우리에게는 외국어 시험이지만 영어를 모국어로 하는 사람에게는 국어 시험과 같다고 하였습니다. 어릴 때부터 다양한 분야의 책을 읽고 글을 많이 접하면 방대한 지식과 통합적인 사고능력이 생겨 생각하는 힘을 키울 수 있습니다.

이 힘은 국어뿐만 아니라 영어 공부에 있어서도 기초 체력과 기본 근력이 됩니다. 우리가 운동을 통해 근력을 키우는 것과 같이 독서를 통해 '뇌의 근력'을 키울 수 있습니다. 이렇게 튼튼해진 뇌의 근력은 다른 학문을 연구하는데 있어서도 가장 중요한 원동력이 됩니다.

주제문을 찾아라!

우리말 글과 영어 글의 차이는 글의 주제를 제시하고 근거를 전개하는 방식에 있습니다.

글을 읽을 때 가장 빨리 파악해야 하는 것이 글의 주제 또는 중심내용입니다. 이를 위해서는 글의 전체 구조를 한눈에 파악하여 주제문을 찾는 능력이 중요합니다. 영어 글에서 주로 사용되는 글의 구조를 알고 있으면 글의 주제를 빨리 찾을 수 있습니다.

일반적으로 사용되는 주제문의 논리 전개 방식으로는 양괄식 구성이 있습니다. 예를 들면, 처음 도입 부분에 글쓴이가 주장하는 메시지나 주제를 제시하고, 전개 부분에서는 자신의 주장이나 주제에 대한 근거를 제시하며, 마지막 결론에서 다시 주장이나 주제를 강조하면서 글을 마무리하는 식입니다.

만약, 주제문이 글의 처음 부분에만 제시된다면 두괄식, 글의 마지막에만 제시된다면 미괄식 구성으로 볼 수 있습니다. 대부분의 글이 처음 도입 부분에서 글의 소재나 주제로 시작하고 마지막 부분에서 글의 주제나 주제와 관련된 핵심 내용으로 마무리합니다.

따라서, 우리가 수능 영어 독해 지문에서 주제 파악을 위해 가장 주목해야 할 부분은 첫 문장과 마지막 문장입니다. 첫 문장은 주제문이 아니라 할지라도 글의 소재가 제시되어 전체 글의 내용을 예측할 수 있기 때문에 매우 중요한 부분입니다. 첫 문장을 유심히 읽은 후 글의 흐름을 따라가면서 결론에서 마지막 문장이 주제문과 일치하는지 확인해야 합니다.

이와 같이 주제문 파악을 위해서는 영어 지문을 읽을 때 반드시 첫 문장과 마지막 문장을 유념해서 읽으면서 글의 소재와 주제를 빨리 간파하려는 의식적인 읽기 연습을 해야 합니다.

주제문을 빨리 찾는다면 독해에서 주제나 중심내용 파악 능력을 측정하는 수많은 유형의 문항들(글의 목적, 의도, 주장, 요지, 주제, 제목, 문단 요약, 함축적 의미, 빈칸 추론)을 쉽게 해결할 수 있습니다.

논리적 흐름을 파악하라!

글의 구조를 파악하기 위해서 주제문의 위치뿐만 아니라 글의 논리적 흐름, 즉 논리 전개 방식을 파악하는 것이 중요합니다.

글의 논리적 흐름은 기본적으로 글의 주제에 수렴하기 때문에 글의 흐름을 제대로 따라가기 위해서는 글의 주제를 정확하게 파악하는 것이 우선입니다. 양괄식 구성의 경우, 글의 흐름은 주제에서 시작해서 주제로 끝납니다. 전개 부분에서는 다양한 방법(예시, 설명, 비교, 대조, 원인/결과, 문제/해결, 질문/답변, 연구과정/연구결과, 잘못된 통념/반박)을 통해서 주제를 뒷받침하고 상대방을 설득할 논리적 근거들을 제시하므로 전개 부분의 논리적 흐름이 주제에 수렴하는지 파악해야 합니다.

좋은 글이란 메시지를 효과적으로 전달하는 글을 말하며, 통일성(unity), 응집성(cohesion), 일관성(coherence)을 갖춘 논리적인 글을 의미합니다. 수능 독해에서 글의 순서, 문장 위치, 흐름과 관계없는 문장, 어휘 적절성과 같은 문항들은 통일성, 응집성, 일관성 있는 좋은 글을 파악하는 문항들로 글의 논리적 흐름에 관한 문항들입니다.

이 중에는 3점 문항도 있기 때문에 글의 주제와 논리적 흐름을 볼 수 있는 안목을 키우는 것은 수능 영어 고득점으로 가는 필수 관문이라 하겠습니다.

논리적 글쓰기는 논리적 글읽기다?

말, 글, 생각은 서로 영향을 주고받으며 특히, 읽기와 쓰기 사이에는 밀접한 관련이 있습니다.

논리적으로 글을 읽기 위해서는 논리적인 글쓰기가 도움이 됩니다. 글쓰기를 통해 자신의 생각을 논리적으로 표현하는 방법을 터득하고 꾸준한 연습을 통해 논리적인 글의 구조에 익숙하게 됩니다. 글을 논리적으로 쓸 수 있게 되면 논리적으로 생각하는 힘이 생기고 논리적 사고력은 논리적인 글 읽기의 원동력이 됩니다.

독해에서 난이도가 높은 유형은 간접 쓰기 문항들로 읽기를 통해 쓰기 능력을 간접적으로 평가하는 유형입니다. 글의 순서, 문장 위치, 흐름에 무관한 문장이 이에 해당합니다. 글쓰기 연습을 통해 좋은 글의 구조와 흐름에 대해서 숙달되어 있다면 간접 쓰기 문항을 통해서 통일성, 응집성, 일관성 있는 글을 완성할 수 있습니다.

글의 통일성(unity)이란 글의 여러 세부 내용이 하나의 주제로 긴밀하게 연결되는 것을 말합니다. 독해에서 흐름에 무관한 문장 유형이 이에 해당합니다.

응집성(cohesion)이란 글의 문장들이 지시어나 연결어 등으로 표면적으로 긴밀하게 연결되는 것을 말합니다. 글의 순서나 문장 위치 유형이 이에 해당합니다.

일관성(coherence)이란 통일성이나 응집성보다 광범위한 개념으로 글의 전체적인 흐름이 주제에 대해서 일관적인 내용을 다루는지에 관한 것입니다. 글의 부분과 부분 사이의 일관된 질서를 말하며 연결어나 지시어를 사용하여 연결고리 앞뒤의 관계뿐만 아니라 내용과 내용 사이의 긴밀함까지 포괄합니다. 글의 순서나 문장 위치 유형이 이에 해당합니다.

좋은 글의 요건을 유념하면서 직접 글쓰기 연습을 해보는 것이 실제로 많은 도움이 됩니다. 처음에는 우리말로 시작해서 글쓰기에 어느 정도 익숙해지면 영어 글쓰기에 도전해 보는 것이 좋습니다.

논리적인 영어식 글쓰기 방법을 평소 자신의 글쓰기에 활용한다면 점점 더 논리적으로 생각하고 글을 쓰는 자신의 모습을 발견하게 될 것입니다. 또한, 글을 읽을 때에도 글쓴이의 생각을 쉽게 이해하고 공감할 수 있을 것입니다.

글의 구조를 읽어라!

문장이 한 그루의 나무라면 글은 숲에 비유할 수 있습니다. 글을 읽는다는 것은 나무 하나를 꼼꼼히 보는 것이 아니라 전체 숲의 모양을 파악하는 작업입니다. 독해 지문 중 내용 일치 유형(안내문 내용 일치, 글의 내용 일치, 도표 내용 일치)의 경우에는 글의 부분적인 정보의 확인이 중요하기 때문에 나무 하나 하나를 꼼꼼히 살펴보는 것이 중요합니다. 하지만, 이 유형들을 제외하고 대부분의 독해 문항의 경우에는 나무 하나의 디테일을 확인하는 것보다 넓은 시야에서 숲 전체의 모양을 파악하는 것이 더 중요합니다.

숲의 전체 모습을 한 눈에 보기 위해서는 조감도를 보는 것이 효과적입니다. 조감도를 통해 숲에서 가장 중요한 장소와 그곳을 중심으로 나 있는 숲속의 길과 각종 나무들이 어디에 어떻게 배치되어 있는지를 쉽게 알 수 있습니다. 글도 마찬가지입니다. 글의 전체적인 구조를 파악하기 위해서는 글의 구조에 대한 패턴을 알아두는 것이 도움이 됩니다.

수능 지문에는 실용문에서부터 기초 학술문에 이르기까지 다양한 종류의 글이 사용되고 글의 종류에 따라 글의 구조와 전개 방식이 달라집니다. <u>글의 종류에 따른 글의 구조와 전개 방식의 다양한 패턴을 숙지하고 있다면 독해 지문을 읽을 때 글의 주제와 논리적 흐름을 쉽게 파악할 수 있습니다.</u>

수능 지문에서 가장 많이 사용되는 글의 종류는 설명하는 글(설명문)과 주장하는 글(논설문)입니다. 대부분의 기초 학술문이 설명문에 해당되며 두괄식(양괄식) 구조가 많이 사용됩니다. 논설문의 경우에는 미괄식(양괄식) 구조가 주로 사용됩니다.

설명문은 설명하는 글로서 가치 중립적이고, 상대방에게 어떤 객관적인 사실을 이해시키는데 목적이 있습니다. 새로운 사실을 쉽게 이해시키기 위해서는 처음에 주제를 제시하여 설명하려는 내용을 각인시키는 것이 효과적입니다. 따라서, 처음에 주제를 제시하고 그다음에 주제를 이해시킬 수 있는 근거를 설명하는 두괄식 구조가 설명문에서 효과적입니다. 만약, 마지막에 한번 더 주제로 마무리하면서 끝나면 양괄식 구조가 됩니다.

반면, 논설문은 주장하는 글로서 가치 지향적이고, 상대방을 자신의 주관적인 의견으로 설득하는데 목적이 있습니다. 상대방을 효과적으로 설득하기 위해서는 상대방을 설득할 수 있는 논리를 먼저 제시하고 그다음에 주장을 펼치는 것이 효과적입니다. 따라서, 먼저 주장(주제)에 대한 근거를 제시하고 마지막에 주장(주제)을 하는 미괄식 구조가 논설문에서는 효과적입니다. 만약, 말머리에 자신의 주장(주제)에 대해 언급하면서 시작하면 양괄식 구조가 됩니다.

다음은 글의 구조와 전개 방식에 따른 주제문의 위치입니다.

| 글의 구조에 따른 주제문의 위치 |

❶ 두괄식: 주제(주제문) – 전개

❷ 미괄식: 도입 – 전개 – 결론(주제문)

❸ 중괄식: 도입 – 주제(주제문) – 전개

❹ 양괄식: 주제(주제문) – 전개 – 결론(주제문)

| 글의 전개 방식에 따른 주제문의 위치 |

❶ 주제(주제문) – 예시(– 결론(주제문))

❷ 주제(주제문) – 설명(– 요약(주제문))

❸ 비교 – 결론(주제문)

❹ 대조 – 결론(주제문)

❺ 원인 – 결과(주제문)

❻ 문제 – 해결(주제문)

❼ 질문 – 답변(주제문)

❽ 연구과정 – 연구결과(주제문)

❾ 잘못된 통념 – 반박(주제문)

❿ 일화(에피소드)(시간순) (주제문이 없거나, 결론이 있으면 결론이 주제문)

글의 구조와 전개 방식에 따른 주제문의 위치가 한눈에 잘 보이지요?

다양한 글의 구조와 전개 방식이 존재하지만, 앞서 설명했듯이 <u>주제문의 위치는</u>

주로 글의 처음과 끝입니다. 앞으로는 글을 읽을 때 나무가 아니라 숲을 보는 자세로 주제문을 찾는 연습을 해야 합니다. 평소 기출 문제 풀이를 통해 수많은 지문을 읽으면서 꾸준히 연습한 사람에게만 글의 구조와 주제문이 보일 것입니다.

영어 글의 특성에 대해 알고 있으면 글 속에 녹아있는 글쓴이의 생각을 좀 더 쉽게 찾고 이해할 수 있습니다. 말, 글, 생각, 모두 언어이고 서로 유기적으로 영향을 주고받는 관계입니다. 생각을 입으로 소리를 내면 말이 되고, 손으로 글자를 쓰면 글이 됩니다.

우리가 말을 통해서 생각을 표현하고 공감하며 의사소통을 하듯이 글을 통해서 글쓴이의 생각을 이해하고 공감하는 능력이 바로 독해 능력이고 읽기를 통한 의사소통능력입니다.

어릴 적 소풍 때 즐겨 했던 '보물 찾기' 놀이 기억하시나요? 보물을 찾는 설렘으로 글쓴이가 꼭꼭 숨겨 놓은 '주제 찾기' 놀이를 해보면 어떨까요?

5. 문법, 이렇게 공부하세요!

독해를 위해 문법을 공부하라

수능에서 어법 정확성 문항이 차지하는 비중이 3%에 불과하다는 이야기를 하였습니다. 사실 점수 비중만 본다면 무시해도 되는 수치입니다. 하지만, 문법을 공부해야 하는 보다 근본적인 이유는 어법 문항보다 독해에 있습니다.

독해에서 글의 의미를 파악하기 위해서는 구문 분석이 필수입니다. 구문 분석을 통해 문장 구조를 볼 수 있어야 문장의 의미를 정확하게 파악할 수 있습니다. 구문 분석은 문법 지식이 있어야 가능하기 때문에 독해를 위한 문법 공부는 선택이 아닌 필수입니다. 특히, 수능 영어 1등급을 목표로 하는 학생들에게 문법을 정복하는 것이야말로 필승 전략입니다.

요리의 재료가 어휘라면 문법은 요리를 완성하는 레시피(조리법)와 같습니다. 똑같은 재료라도 레시피에 따라 요리가 달라지듯이 똑같은 어휘라도 문장 구조에 따라 의미가 달라집니다. 이렇듯 문장의 의미를 빠르고 정확하게 이해하기 위해서는 평소 다양한 문장 구조를 숙지하고 정확한 구문 분석이 가능해야 합니다. 특히, 수능에서 고득점을 확보하기 위해서는 정확한 속독속해가 필요하고 이를 위해서는 문장 구조를 직관적으로 파악할 수 있도록 탄탄한 문법이 밑바탕이 되어 있어야 합니다.

문법 공부, 사고력 수준에 맞춰 시작하라

요즘은 초등학교 3학년 때부터 영어를 배우기 때문에 영어 공부를 할 수 있는 시간이 훨씬 많아졌습니다. 다만, 우리나라처럼 영어를 EFL(English as a Foreign

Language, 외국어)로 배우는 환경에서는 문법 공부를 시작하는 적절한 시기를 정하는 것이 매우 중요합니다.

영어 회화와는 달리 문법 공부는 사고력과 논리력을 요합니다. 생각하는 힘이 충분히 발달하지 않은 어린 나이에 문법 공부를 시작하게 되면, 받아들이기도 힘들고 영어 공부에 대한 흥미마저 잃게 만들어 오히려 역효과만 낳을 수 있습니다. 따라서, 문법 공부는 무조건 빨리 시작하는 것이 중요한 것이 아니라 <u>학습자의 사고력 발달 단계에 맞추어 적절한 때에 시작하는 것이 가장 중요합니다.</u>

초등학교 5학년이든 중학교 2학년이든 문법 공부를 받아들일 심리적, 인지적 준비가 된 상태에서 시작해야 합니다. 중학교 3학년 때 시작하더라도 자신이 충분히 받아들일 준비가 되어 있다면 1년 만에도 문법 체계를 다지는 것이 가능합니다. 단어든 문법이든 결국은 의지의 문제입니다. 지속가능한 방법으로 꾸준히 한다면 어떤 영역이든 불가능한 것은 없습니다.

문법 공부, 늦어도 중학교 때까지 끝내라

문법 공부를 고등학교 때 처음 시작하는 사람은 별로 없을 것입니다. 그렇다고, 초등학생들에게 알파벳과 함께 문법을 본격적으로 가르치는 것도 너무 이릅니다. 우리나라에서 영어의 정체성은 ESL(English as a Second Language, 제2언어)보다는 EFL(English as a Foreign Language, 외국어)에 가깝기 때문에 ESL 환경에서처럼 영어에 많이 노출되면서 자연스럽게 언어를 습득하기는 어렵습니다. 따라서, 언어 습득에 있어서 결정적 시기(critical period)가 지나면 내재적 언어 습득 능력이 소멸되기 때문에 외국어 학습의 경우에는 문법을 통해 언어의 원리를 배워서 말을 하고 글을 쓸 수밖에 없습니다.

문법 공부를 체계적으로 시작하기에 가장 적절한 시기는 어느 정도 논리력과 사고력이 발달하기 시작하는 초등학교 고학년이나 중학교 시기입니다. 초등학교 때는 영어 교과서에 글밥이 많지 않고 주로 대화 위주의 구어체 표현들을 배우는 단계여서 굳이 어렵고 복잡한 문법 교육이 필요 없는 시기입니다. 무리한 문법 공부는 영어에 대한 흥미만 떨어뜨리기 때문에 초등학교 때 문법 위주 교육을 하는 것은 오히려 부작용만 초래할 수 있으므로 경계해야 합니다.

반면 중학교 때부터는 문어체 영어를 주로 접하게 되면서 교과서의 글밥이 많아지고 문장도 점점 더 길고 복잡해지기 시작합니다. 문장의 구조를 이해하지 못하면 글의 내용도 이해하기 힘들기 때문에 늦어도 중학교 때부터는 독해를 위한 문법 교육을 체계적으로 시작해야 합니다.

하지만, 현실은 녹록하지 않습니다. 최근 학교 수업은 탈문법화가 가속화되고 있어서 역설적으로 학교에서의 체계적인 문법 교육을 기대하기 힘든 상황입니다. 따라서, 초등학교 고학년이나 중학생이 되면 자신에게 맞는 쉬운 문법 교재를 구해서 스스로 문법 공부를 시작해야 합니다. 혼자 힘으로 하기 힘들면 방과후 수업이나 인강을 듣거나, 학원이나 과외, 학습 지원 플랫폼 등 이용 가능한 방법을 통해 고등학생이 되기 전에 영어 문법에 대한 기초를 다져 놓아야 합니다.

호랑이 담배 피던 시절 이야기를 조금 하겠습니다. 제가 중학교 다니던 시절에는 중학교를 입학하면서 처음으로 알파벳을 배우고 영어 공부를 시작했습니다. 게다가 그 당시에는 사교육이 금지되던 시절이어서 영어 공부라고는 중·고등학교 6년 동안 학교 수업과 보충 수업, 혼자 문법책으로 독학한 공부가 전부였습니다. 지금 생각해보면 열악한 학습 환경이었지만, 그럼에도 불구하고 영문과에 진학해서 셰익스피어도 읽을 수 있었고 대학 졸업 후에는 영어 교사도 될 수 있었습니다.

지금의 영어 학습 환경은 어떤가요? 굳이 학교 수업이 아니라도 다양한 사교육 기회와 접근성 높은 인터넷 학습 지원 사이트, 일타 강사들의 인강 등 마음만 있다면 도움을 받을 수 있는 채널과 방법들이 너무나 다양하고 정교해졌습니다. 중요한 것은 본인의 의지입니다. 마음만 있다면 얼마든지, 언제든지 할 수 있습니다.

문법 공부, 지금도 늦지 않았습니다!

문법 공부, 반복하고 연상하고 출력하라!

초등학교 저학년까지는 문법을 자연스럽게 익히는 것이 좋습니다.

문법을 딱딱한 규칙으로 배우기보다는 재미있는 영어 비디오나 노래를 보거나 듣고 영어 그림책을 다독(Extensive Reading)하면서 말이나 글의 패턴을 자연스럽게 익히는 것입니다. 이는 ESL(English as a Second Language, 제 2언어) 환경에서 영어를 습득하는 원리와 비슷합니다.

어릴 때는 논리력과 사고력이 부족하기 때문에 문법을 연역적 방식을 통해 규칙으로 배우는 것은 적절하지 않습니다. 오히려 내재적 언어 습득 능력이 남아있기 때문에 다양한 통문장들을 자주 접함으로써 말이나 글의 구조를 귀납적 방식으로 습득하는 것이 훨씬 효과적입니다. 따라서, 이 시기에는 재미있는 영어 비디오나 노래, 그림책이 훌륭한 문법 교재가 될 수 있습니다.

이 시기의 문법 공부는 통문장을 암기하는 원리와 비슷하므로 단어 암기법과 같이 반복 학습, 연상 학습, 출력 학습이 중요합니다. 재미있는 영어 비디오나 노래, 그림책을 반복해서 접하고, 스토리를 통해 연상합니다. 또한, 비디오 속 대사나 노래를 따라 말하거나 부르고 책을 소리 내어 읽으면서 통문장을 쉽게 암기하여 훌륭한 문법 예문으로 활용할 수 있습니다.

그럼 초등학교 고학년부터는 문법을 어떻게 공부해야 할까요?

이때부터는 쉬운 문법책을 볼 수 있습니다. 문법책은 학습자의 연령과 무관하게 무조건 쉬워야 합니다. 영어 비디오나 그림책은 스토리가 있고 재미있기 때문에 모르는 내용이 있어도 끝까지 보거나 읽는 것이 가능합니다. 하지만, 문법책은 스토리가 없고 딱딱한 논리의 나열이기 때문에 어려우면 더더욱 손이 가질 않습니다.

따라서, 문법책은 쉽고, 가독성이 좋고, 정리가 잘 된 책이 좋습니다. 그래야만 일독(一讀) 후 이독(二讀), 삼독(三讀)까지 가능합니다. 반복 학습이 중요하므로 문법 공부를 할 때에는 여러 책을 보기보다는 같은 책을 여러 번 보는 것이 더 효과적입니다. 문법 규칙을 암기할 때 예문만큼 좋은 것은 없습니다. 예문의 의미와 구조를 연결고리로 문법 규칙을 연상할 수 있기 때문입니다. 문법 원리를 제대로 이해했는지 확인하기 위해서는 자신에게 직접 설명해 보는 것이 효과적입니다. 출력 학습을 통해 장기 기억으로 전환되면서 진정한 나의 지식이 됩니다.

문법도 반복·연상·출력 학습으로 다져진다는 사실, 꼭 기억하세요!

고등 문법, 내신과 수능 둘 다 잡아라

만약 지금 고등학생이라면 문법 공부, 어떻게 해야 할까요?

고등학생은 당장 눈앞에 대입이라는 가장 중요한 목표가 있다 보니 문법책만 붙들고 있을 시간이 없습니다. 따라서, 문법 공부도 가성비 있는 전략을 가지고 해야 합니다. 특히, 문법의 기초가 약한 학생들일수록 내신과 수능을 위한 문법 공부 전략을 잘 세워야 합니다.

고등 문법의 공부 전략은 내신과 수능 대비로 구분할 수 있습니다.

내신 대비용 문법 공부는 수업 시간이나 교과서에서 다루는 문법 위주로 공부합니다. 또한, 수능 어법에 자주 출제되는 문법에 대한 대비도 필요합니다. 고등학교 내신 시험은 대체로 수능 유형으로 출제되기 때문에 수업 시간에 다루지 않은 문법도 수능 어법 유형으로 출제될 수 있기 때문입니다. 따라서 평소에 수능 어법에 자주 출제되는 문법 위주로 꾸준히 공부한다면 내신과 수능을 동시에 대비할 수 있습니다.

수능 대비용 문법 공부를 할 때에는 3% 출제되는 어법보다는 60% 출제되는 독해 영역에 우선순위를 두고 학습 전략을 짜는 것이 현명합니다. 독해를 위해 문법 공부가 필요한 이유는 구문 분석 때문입니다. 구문 분석을 통해 문장의 구조를 이해해야 문장의 의미를 알 수 있습니다.

내신과는 달리 수능은 수업 시간에 배우지 않은 생소한 지문이 출제되고 독해 영역 대부분이 글의 내용에 관한 문항들이기 때문에 구문 분석을 할 수 있어야 스스로 문장을 해석하고 새로운 글의 내용을 파악하여 문제를 해결할 수 있습니다.

따라서, 수능을 대비한 문법 공부는 구문 분석 능력을 높여서 문장 구조를 파악하여 글의 의미를 빠르고 정확하게 파악하는 데 초점을 맞추어야 합니다.

수능 어법, 핀셋 전략을 사용하라!

우선, 수능에서 문법 문제로 1문항 출제되는 어법 정확성 판단 문항을 살펴보겠습니다.

어법 정확성 문항에 출제되는 문법 포인트들은 거의 정해져 있습니다. 기출 문제 풀이를 통해서 빈출 어법 위주로 핀셋 전략을 이용하여 집중적으로 공부한다면 수능 어법에 투자할 시간을 조금이라도 줄일 수 있습니다.

어법 정확성 문항 빈출 어법으로는 동사의 형태(수일치, 시제, 태, 병렬구조), 분사구문, 관계사(관계대명사, 관계부사)의 쓰임, 접속사 that과 관계사 that의 쓰임, 형용사와 부사의 쓰임, 대명사의 수일치 등이 있습니다. 이 중에서도 동사의 형태와 관계사는 매년 출제될 정도로 출제 빈도가 높기 때문에 반드시 대비를 해야 합니다.

구문 분석 능력이 독해의 자신감이다!

독해를 위한 문법 공부를 위해서는 문장의 구조를 이해하는 데 초점을 두고 구문 분석 연습을 많이 해 보는 것이 도움이 됩니다. 구문 분석 시 유의할 문법 사항으로는 동사의 형태(수일치, 시제, 태, 병렬구조), 분사구문, 관계대명사, 관계부사, 접속사 that과 관계대명사 that, 형용사와 부사의 쓰임 등이 있습니다.

사실 구문 분석의 문법과 수능 어법 문항의 문법이 거의 일치합니다. 수능에서 어법 정확성 문항에 구문 분석의 주요 문법이 출제되는 것은 궁극적으로는 정확한 구문 분석을 통한 글의 의미 파악 능력을 측정하기 위해서입니다. 이는 언어의 의사소통 기능을 중시하는 영어 교육의 최근 트렌드를 반영하는 것입니다.

결과적으로 어법 정확성 문항과 구문 분석을 위한 문법 공부가 다르지 않으므로 서로 윈윈(win-win)하는 공부가 될 수 있습니다. 구문 분석 연습을 꾸준히 하다 보면 문장의 구조를 한눈에 볼 수 있는 안목이 생기기 때문에 실전에서 아무리 길고 복잡한 문장을 만나더라도 당황하지 않고 차분하게 대처할 수 있습니다.

영어 독해에 대한 자신감, 구문 분석 능력에서 생깁니다.

| 수능 어법&구문 분석 실전 전략 (2022 수능 분석) |

1. 동사

– 동사는 문장의 필수 성분이므로, 문장 구조를 빨리 파악하기 위해서 <u>동사를 제일 먼저 찾는다.</u>

– 동사가 2개 이상일 경우, 주절의 동사를 찾는다.

  <u>(접속사가 없는 절이 주절이고, 접속사가 있는 절이 종속절임)</u>

– 동사 이전까지는 주어이고, 동사 이후 구조에 따라 문장의 형식을 파악한다.

2022 수능 영어 영역 20번

One of the most common mistakes made by organizations when they first <u>consider</u> experimenting with social media <u>is</u> that they <u>focus</u> too much on
(주절 동사)
social media tools and platforms and not enough on their business objectives.

➡ 동사는 3개(consider, is, focus)이고, 주절의 동사는 is이다.

2. 주어

– 각 동사의 <u>주어를 찾는다.</u>

– 주어가 될 수 있는 명사가 여러 개일 경우, 동사의 수일치로 주어를 찾는다.

– 수식어구(전치사구, 분사구문, 관계사절)에 속한 명사는 주어가 아니다.

2022 수능 영어 영역 20번

<u>One</u> of the most common mistakes made by organizations when <u>they</u> first
(주절 주어)
consider experimenting with social media is that <u>they</u> focus too much on
social media tools and platforms and not enough on their business objectives.

➡ 주절의 동사가 is이므로 is 이전까지가 주어이고, is가 단수동사이므로 주어는 단수 명사이다. One, media 중에서 media는 mistakes를 수식하는 분사구문 made~media에 속하여 media는 주어가 될 수 없으므로, 주절의 주어는 One이다.

3. 접속사&관계사

- 동사의 개수로 단문인지 복문인지 확인한다.(동사의 개수가 절의 개수와 같음)

- 복문일 경우, 접속사(등위접속사/종속접속사)나 관계사(관계대명사/관계부사)를 확인한다.

- 복문일 경우, 주절과 종속절을 구분하고, 주절의 주어와 동사를 확인한다.

  (접속사가 없는 절이 주절이고, 접속사가 있는 절이 종속절임)

2022 수능 영어 영역 20번

One of the most common mistakes made by organizations <u>when</u> they first
（접속사）
consider experimenting with social media is <u>that</u> they focus too much on
（접속사）
social media tools and platforms and not enough on their business objectives.

➡ 동사(consider, is, focus) 3개, 접속사(when, that) 2개의 절 3개인 복문이다. 접속사(when, that)가

있는 절이 종속절이므로, 주절의 동사는 is이고 주어는 One이다.

4. 동사 형태

- 동사의 형태가 수일치, 시제, 태, 병렬 구조에 있어서 정확한지 파악한다.

- 분사(현재분사/과거분사)는 동사가 아니므로 유의한다. 분사는 명사를 수식하는 '형용사' 역할을

  하거나, 분사구문에서 '접속사+주어+동사' 기능을 하므로 동사가 아니다.

2022 수능 영어 영역 29번

After the cell has grown to the proper size, its metabolism shifts as <u>it</u> either
（주어）
<u>prepares</u> to divide or <u>matures</u> and <u>differentiates</u> into a specialized cell.
（동사 1）   （동사 2）   （동사 3）

➡ as절에서 주어가 it이고 동사 병렬구조(prepares, matures, differentiates)이다.

2022 수능 영어 영역 20번

One of the most common mistakes <u>made</u> by organizations when they first
└———┘（= which are made）
consider experimenting with social media is that they focus too much on
social media tools and platforms and not enough on their business objectives.

⮕ 과거분사 made는 which are made의 역할을 하는 분사로 made~media가 mistakes를 수식하는 형용사구의 역할을 하므로, 과거분사 made는 동사가 아니다.

2022 수능 영어 영역 29번

A cell is "born" as a twin when its mother cell divides, <u>producing</u> two daughter cells.
(= and it(=its mother cell) produces)

⮕ 현재분사 producing은 and it(= its mother cell) produces의 분사구문으로 '접속사+주어+동사' 기능을 하므로, 현재분사 producing은 동사가 아니다.

5. 문장 형식

– 동사 이후 명사나 형용사의 유무와 위치를 통해 <u>문장 형식을 파악한다.</u>

– 명사는 주어, 목적어, 보어로 쓰이고, 형용사는 보어로 쓰인다.(부사는 문장의 필수 성분이 아님)

– 보어로 형용사가 쓰일 자리에 부사가 쓰인 틀린 문장이 어법 문항에 자주 출제된다.

– 목적어가 올 때, 자동사는 전치사가 있고, 타동사는 전치사가 없다.

5형식 구조

1형식: 주어+동사

2형식: 주어+동사+주격보어(명사/형용사)

3형식: 주어+동사+목적어(명사)

4형식: 주어+동사+간접목적어(명사)+직접목적어(명사)

5형식: 주어+동사+목적어(명사)+목적격보어(명사/형용사)

2022 수능 영어 영역 29번

Even the most complex cell has only a small number of parts, <u>each responsible</u> for a distinct, well-defined aspect of cell life.
(= and each (part) is responsible)

⮕ each responsible for~life는 and each (part) is responsible for~life의 분사구문이다. be동사 뒤에 주격보어로 형용사가 쓰여야 하므로 responsible이 온다.

▪▪ 혼동하기 쉬운 자동사 (전치사 O)

- 이동: go, come, stay, arrive, sit, stand, crawl, walk, run, jump, rise, participate

- 의견: adhere, agree, disagree, object, reply, explain, complain, apologize, subscribe

- 상태: live, die, lie, function, deteriorate, happen, occur, look, appear, disappear

> **예문**
>
> He replied to my question. (전치사 O)
> (자동사)(전치사)

▪▪ 혼동하기 쉬운 타동사 (전치사 X)

- 이동: leave, approach, reach, access, enter, attend, visit, join

- 의견: mention, discuss, address, obey, disobey, resist

- 연락: call, (tele)phone, contact, answer, await

- 일상: seat, lay, raise, marry, resemble

> **예문**
>
> He answered my question. (전치사 X)
> (타동사)

6. that절

- that절은 가장 자주 나오고, 쓰임이 다양하므로 that절의 종류를 파악한다.

- 접속사 that과 관계대명사 that을 구분한다.

- 접속사 that 앞에는 동사가, 관계대명사 that 앞에는 명사가 주로 온다.

1) 접속사 that절: 명사절로 문장에서 주어, 목적어, 보어로 쓰인다. 주로 타동사 뒤에 목적어
   자리에 쓰이므로 접속사 that 앞에는 동사가 온다. 뒤에는 완전한 절이 온다.

> **예문**
>
> I think that Tom is honest.
> (동사)(접속사) (완전한 절)

➡ 접속사 that 앞에는 동사(think)가 오고, Tom is honest는 완전한 절이다.

(That/What) cell metabolism and structure should be complex would not be
(접속사)   (완전한 절)
surprising, but actually, they are rather simple and logical.

➡ That절(That cell metabolism and structure should be complex)이 문장의 주어로 쓰이고, That 뒤에

오는 cell metabolism and structure should be complex가 완전한 절이므로, 접속사 That이 와야 한다.

관계대명사 What 뒤에는 불완전한 절이 와야 하므로 What은 올 수 없다.

2) 관계대명사 that절: 명사를 수식하는 형용사절로, that절 앞에 있는 명사(선행사)를 수식

하므로 관계대명사 that 앞에는 명사가 온다. 뒤에는 불완전한 절이 온다.

예문

This is the movie that I've seen three times.
         (명사) (관계대명사)   (불완전한 절)

➡ 관계대명사 that 앞에는 명사(the movie)가 오고, I've seen three times는 목적어가 없는 불완전한 절

이므로, that은 목적격 관계대명사이다.

The very features that create expertise in a specialized domain lead to
        (명사) (관계대명사)   (불완전한 절)
ignorance in many others.

➡ 관계대명사 that 앞에는 명사(features)가 오고, create expertise in a specialized domain은 주어가

없는 불완전한 절이므로, that은 주격 관계대명사이다.

7. 관계대명사

- 관계대명사 뒤에는 불완전한 절이 온다.(주어나 목적어가 없음)

- which, who, whom은 선행사가 있고, 계속적 용법에 쓰인다.

- that은 선행사가 있고, 계속적 용법에 쓰이지 않는다.

- what(=the thing which)은 선행사를 포함하므로 선행사가 없고, 계속적 용법에 쓰이지 않는다.

관계대명사 종류	관계사 이후 완전한 절 (O, X)	선행사(O, X)	계속적 용법 (O, X)
which, who, whom	X	O	O
that	X	O	X
what	X	X	X

The task of finding <u>what</u> <u>you want</u> would be time-consuming and extremely
(선행사 X) (불완전한 절)
difficult, if not impossible.

➡ <u>what 앞에 선행사가 없고</u>, what 뒤에 you want는 목적어가 없는 <u>불완전한 절</u>이므로, what은 선행사를 포함하는 목적격 관계대명사이다.

8. 관계부사

- 관계부사(when, where, how, why) 뒤에는 <u>완전한 절</u>이 온다.

- 관계부사는 선행사가 있고, 생략될 수도 있다.

  ※ the way how로는 사용하지 않는다. (the way나 how로 따로 사용해야 함)

- '관계부사=전치사+관계대명사(which)'이므로 관계부사 앞에는 전치사가 오지 않는다.

관계사	구분	관계사 이후 완전한 절 (O, X)	선행사 (O, X)	관계사 앞 전치사 (O, X)
when, where, how, why	관계부사	O	O/X	X
which, who, whom	관계대명사	X	O	O
that	관계대명사	X	O	X
what	관계대명사	X	X	O

Since robots are particularly good at highly repetitive simple motions, the
replaced human workers should be moved to <u>positions</u> <u>where</u> <u>judgment and</u>
(선행사) (관계부사)
<u>decisions beyond the abilities of robots are required.</u>
(완전한 절)

➡ positions가 관계부사 where의 선행사이고, where 뒤(judgment~required)는 <u>완전한 절</u>이다.

9. 전치사+관계대명사

- 전치사+which, whom, what은 가능하다.

- <u>전치사+that, who는 불가능하다.</u>

- 전치사+which=관계부사(where, when, why, how)

- '전치사+관계대명사' 앞에는 선행사가 있고, 뒤에는 <u>완전한 절</u>이 온다.

This is the room.+I sleep <u>in the room</u>.

= This is the room <u>which</u> I sleep <u>in</u>. (which는 전치사 in의 목적격 관계대명사)

= This is the room <u>that</u> I sleep <u>in</u>. (that은 전치사 in의 목적격 관계대명사)

= This is the room I sleep <u>in</u>. (전치사 in의 목적격 관계대명사 생략)

= This is the room <u>in which</u> I sleep. ('전치사+관계대명사' 뒤 완전한 절)

= This is the room <u>where</u> I sleep. (where 뒤 완전한 절)

= This is <u>where</u> I sleep. (선행사 the room 생략)

※ ≠ This is the room <u>in that</u> I sleep. (×) ('전치사+that'은 불가)

2022 수능 영어 영역 30번

It has been suggested that "organic" methods, defined as <u>those</u> <u>in which</u>
               (선행사) (= where)
<u>only natural products can be used as inputs, would be less damaging to the</u>
          (완전한 절)
<u>biosphere.</u>

➡ those(=organic methods)가 선행사이고, in which 뒤(only~biosphere)는 <u>완전한 절</u>이다. in which 는 관계부사 where로 바꿔 쓸 수 있다.

2022 수능 영어 영역 41~42번

Imagine trying to shop in <u>a supermarket</u> <u>where</u> <u>the food was arranged in</u>
         (선행사)   (= in which)   (완전한 절)
<u>random order on the shelves.</u>

➡ a supermarket이 관계부사 where의 선행사이고, where 뒤(the food~shelves)는 <u>완전한 절</u>이다. where는 in which로 바꿔 쓸 수 있다.

10. 도치 구문

- <u>부정어 도치 구문: 부정어+조동사+주어+본동사</u>

- 부정어(No, Not, Never, Nor)나 준부정어(Only, Little, Few, Hardly, Scarcely, Rarely, Barely, Seldom)가 문장 처음에 올 때 도치 구문을 사용한다.

> **예문**
>
> I didn't make a single mistake in this project.
>
> → <u>Not a single mistake</u> <u>did I make</u> in this project.
>   (부정어)   (조동사+주어+본동사)

11. 대동사

- <u>조동사나 be 동사</u>는 수일치와 시제에 맞는 조동사나 be동사를 사용한다.

- <u>일반동사</u>는 수일치와 시제에 맞게 do/does/did 중 알맞은 형태를 사용한다.

> **예문**
>
> I didn't think he <u>could</u> finish it in time but he <u>could</u>. (대동사)
>   (조동사)   (= could finish it in time)

> **예문**
>
> You <u>work</u> harder for our company than he <u>does</u>. (대동사)
>   (일반동사)   (= works for our company)

> **2022 수능 영어 영역 29번**
>
> Each daughter cell is smaller than the mother cell, and except for unusual
>
> cases, each grows until it <u>becomes</u> as large as the mother cell <u>was</u>. (대동사)
>   (= was large)

➡ each grows until it becomes as large as the mother cell was에서 was는 was large에서 large가

생략된 대동사이다. 'as 형용사 as' 구문으로 형용사 large는 becomes와 was의 주격보어이다.

12. 상관접속사

– 상관접속사에서 <u>A와 B</u>는 병렬 구조여야 한다.(단어/구/절)

– 상관접속사가 주어로 사용된 경우, B에 동사 수일치 시킨다.

상관접속사	뜻	동사 수일치
both A and B	A와 B 둘 다	복수동사
not A but B	A가 아니라 B	B
either A or B	A와 B 둘 중 하나	B
neither A nor B	A도 B도~아니다	B
not only(just, merely) A but (also) B =B as well as A	A뿐만 아니라 B도	B

2022 수능 영어 영역 31번

Humour involves not just practical <u>disengagement</u> but cognitive <u>disengagement</u>.
　　　　　　　　　　　　　　　　　A　　　　　　　　　　　　　　　　B

➡ 명사구 병렬 구조(~disengagement, ~disengagement)

2022 수능 영어 영역 35번

The resulting networks do not only <u>cover</u> the business units of a single firm
　　　　　　　　　　　　　　　　　A

but typically also <u>include</u> multiple units from different firms.
　　　　　　　　　　　B

➡ 동사구 병렬 구조(cover~, include~)

2022 수능 영어 영역 30번

Inorganic nitrogen supplies are essential for maintaining moderate to high
levels of productivity for many of the non-leguminous crop species, because
organic supplies of nitrogenous materials often are either <u>limited</u> or <u>more</u>
　　　　　　　　　　　　　　　　　　　　　　　　　　　　　　　A
<u>expensive</u> than inorganic nitrogen fertilizers.
　　B

➡ 형용사구 병렬 구조(limited, more expensive~)

Not only <u>you</u> but <u>he is</u> right. (=He as well as <u>you is</u> right.) (너뿐만 아니라 그도 옳다.)
　　　　 A 　　 B동사 　　　　　　　　　 B 　　　　　 A 동사

➡ B의 he(He) 에 동사 수일치 시키므로, 동사는 단수동사 is이다.

13. 수식 어구

- <u>5형식 구성 성분 외에는 모두 수식 어구이다.</u>

- 전치사구, 분사구문, 관계사절은 수식 어구로 명사를 수식하는 형용사 역할을 한다.

  ※ 수식 어구로 인해 주어가 긴 경우, 동사의 수일치 문항으로 자주 출제된다.

A strong <u>element</u> <u>of the appeal of such sports songs</u> <u>is</u> that they feature~.
　　　　　 주어 └──┘ 　　　　　 전치사구 　　　　　　 동사

➡ 전치사구가 element를 수식하므로 주어는 element이고, 동사는 단수동사 is이다.

2022 수능 영어 영역 20번

<u>One</u> <u>of the most common mistakes</u> <u>made by organizations when they first</u>
주어 └──┘ 　　　 전치사구 　　└──┘ 　　　　　　　　　 분사구문
<u>consider experimenting with social media</u> <u>is</u> that they focus too much on
　　　　　　　　　　　　　　　　　　　　　　 동사
social media tools~.

➡ 분사구문이 mistakes를 수식하고, 수식받은 전치사구가 One을 수식하므로 주어는 One이고, 동사는
단수동사 is이다.

14. 형용사와 부사

- <u>형용사</u>는 명사를 수식하거나 보어(주격보어, 목적격보어) 자리에 쓰인다.

- <u>부사</u>는 보어(주격보어, 목적격보어) 자리에 쓰일 수 없다.

  ※ 주격보어나 목적격보어 자리에 부사가 쓰인 틀린 문장이 어법 문항에 자주 출제된다.

Popular formats can be said to enhance understanding by engaging an audience (<u>unwilling</u>/unwillingly) to endure the longer verbal orientation of
형용사(= who is unwilling)
older news formats.

➡ audience를 수식하는 주격 관계대명사절에서 주격 관계대명사+be동사(who is)가 생략된 구문이므로, be동사 뒤 주격보어 자리이므로 형용사(unwilling)가 와야 한다.

This is a significant insight, as it shows that prospects are poor for a (central/<u>centrally</u>) directed solution to the problem of the commons coming from
부사
a state power in comparison with a local solution for which users assume personal responsibility.

➡ 어법상 과거분사 directed를 수식하고 문맥상 local solution과 대조되는 의미여야 하므로 centrally directed solution이 적절하므로, 부사(centrally)가 와야 한다.

15. 대명사

- <u>대명사의 수일치</u>: 대명사가 지칭하는 단어와 수일치(단수, 복수) 해야 한다.
- <u>재귀대명사 용법</u>: 목적어가 주어와 같을 때는 재귀대명사를 써야 한다.

Since (its/<u>their</u>) introduction, information systems have substantially changed
복수
the way business is conducted

➡ 소유격 대명사는 의미상 주어(information systems)를 지칭하므로 복수 대명사(their)를 써야 한다.

Ostrom also emphasizes the importance of democratic decision processes and that all users must be given access to local forums for solving problems and conflicts among (them/<u>themselves</u>).
재귀대명사

➡ among 뒤에 오는 대상은 that절의 주어(all users)와 같으므로 재귀대명사(themselves)를 써야 한다.

TIP_ 수능 어법&구문 분석 실전 전략

<u>01</u> 동사를 찾아라.

<u>02</u> 주어를 찾아라.

<u>03</u> 접속사와 관계사를 찾아라.

<u>04</u> 동사의 형태(수일치, 시제, 태, 병렬구조)를 확인하라.

<u>05</u> 문장 형식을 파악하라.

<u>06</u> that절의 종류(접속사 that/관계대명사 that)를 파악하라.

<u>07</u> 관계대명사의 쓰임을 파악하라.

<u>08</u> 관계부사의 쓰임을 파악하라.

<u>09</u> 전치사+관계대명사 구문에 유의하라.

<u>10</u> 도치 구문인지 확인하라.

<u>11</u> 대동사인지 확인하라.

<u>12</u> 상관접속사의 병렬구조를 확인하라.

<u>13</u> 수식 어구는 무시하라.

<u>14</u> 형용사와 부사의 자리를 구분하라.

<u>15</u> 대명사의 수일치와 재귀대명사 용법을 확인하라.

내신 영어와 수능 영어,
둘 다 잘할 수 없나요?

1. 내신 영어 1등급 공부법

내신 영어와 수능 영어의 차이

내신 영어와 수능 영어의 차이는 무엇일까요?

가장 큰 차이점은 내신 영어는 수업 시간에 배운 내용으로 평가하고 수능 영어는 배우지 않은 새로운 내용으로 평가한다는 점입니다. 이러한 차이로 인해 내신 영어가 수능 영어보다 쉬운 면도 있고 어려운 면도 있습니다.

학교 영어 시험에는 이미 수업 시간에 다루었던 지문이 출제되기 때문에 지문의 내용을 알고 있는 학생들로서는 수능 영어보다 내용에 관한 문제는 쉽게 해결할 수 있습니다. 반면, 학교 시험에는 내신 등급 변별을 위해 고난이도 문제가 출제되기 때문에 수능 영어에는 출제되지 않는 까다로운 문법 문제나 서술형, 논술형 문제가 출제됩니다. 이 점은 내신 영어가 수능 영어보다 대비하기 까다롭고 어려운 부분입니다.

내신 1등급은 문법이 결정한다?

경쟁이 치열한 내신 영어에서 1등급을 받기 위해서는 문법 토대가 탄탄해야 합니다.

고등학교 영어에서 문법 관련 수업과 평가는 중학교 과정에서 학생들의 기본적인 문법 학습이 완료되었다는 전제하에 이루어집니다. 따라서, 고등학교 수업 시간에 배우지 않은 문법도 시험에 출제될 수 있습니다. 시험 난이도를 높이기 위해서 오히려 수업 시간에 다루지 않은 문법을 출제하는 경우도 많기 때문에 학생들은 학교에서 배운 문법뿐만 아니라 문법에 대한 전반적인 지식을 갖추고 있어야 내신 영어를 잡을 수 있습니다.

중학교 때 문법의 기본 체계를 튼튼하게 잡아 놓는 것이 중요한 이유입니다. 만약 그러지 못한 학생들의 경우에는 어떻게 해야 할까요? 고등학교 때 방대한 영문법을 기초부터 시작해서 하나하나 꼼꼼히 공부하기에는 시간이 턱없이 부족합니다. 따라서, 문법 기초가 너무 약한 학생들의 경우에는 핀셋 전략을 사용하여 수업 시간에 배운 문법과 수능 어법에 주로 출제되는 문법 사항 위주로 우선순위를 정해 공부하는 것이 좋습니다.

수능 어법에 가장 많이 출제되는 문법으로는 동사의 수일치, 태, 시제, 병렬구조, 분사구문, 부정사, 관계대명사, 관계부사, 접속사 that과 관계대명사 that의 쓰임, 형용사와 부사의 쓰임, 대명사의 수일치 등이 있습니다. 글을 읽을 때 이러한 문법 사항이 포함되어 있다면 습관적으로 체크하고 구문 분석을 한 후 문장의 구조를 확실히 파악하고 넘어가야 합니다.

서술형·논술형 문제에 대비하라

내신 영어와 수능 영어의 큰 차이 중의 하나가 바로 서술형·논술형 문제입니다.

서술형·논술형 문제는 수능에는 출제되지 않지만, 학교 시험에서는 최상위권 학생들을 변별하기 위한 평가 방법으로 많이 사용됩니다. 시험 난이도를 최대한 높이기 위해서 학생들이 어려워하는 문법이 포함된 문장을 주관식으로 서술하게 함으로써 평가 형태나 평가 내용면에서 정확성이 요구되고 실수가 용납되지 않는 평가 방식입니다. 서술형·논술형 문제를 완벽하게 해결하기 위해서도 탄탄한 문법 지식이 필수입니다. 따라서, 내신 영어 1등급을 목표로 하고 있는 학생이라면 내신 시험의 최고난이도 문제인 서술형·논술형 문제에 철저하게 대비해야 합니다.

서술형·논술형 문제에 대비하기 위해서는 학교별로 서술형·논술형 문항에 자주 출제되는 문장의 유형을 미리 파악해 두면 좋습니다. 내용면에서는 지문의 주제와 관련된 부분이 출제될 가능성이 높습니다. 어법 면에서는 다소 길고 문법 구조가 복잡한 문장에 주목해야 합니다. 문장의 길이가 적당히 길고 두세 가지 이상의 까다로운 어법이나 구문이 포함된 복잡한 구조를 가진 문장이라면 서술형·논술형 문항에 출제될 가능성이 높습니다. 평소 구문 분석을 할 때 이러한 어법상 특징을 지닌 문장이 눈에 띄면 표시를 해 둡니다. 그리고, 문장에 사용된 어법과 문장 구조를 파악하고 서술형·논술형 문제에 대비하여 암기해 두는 것이 좋습니다.

주제를 파악하라

내신 영어에서 문법 문제는 난이도는 높으나 문항수로 보면 소수입니다. 영어 독해에서 측정하고자 하는 핵심 능력은 주제 파악 능력입니다. 내신 시험 문항의 대다수는 글의 내용, 특히 글의 주제와 관련된 것입니다. 글의 목적, 주장, 요지, 주제, 제목, 글의 순서, 문장 위치, 흐름에 무관한 문장, 문단 요약, 빈칸 추론, 어휘 적절성, 심경·분위기가 모두 글의 내용과 주제에 대한 이해도를 평가하는 문항입니다. 학교 시험은 수업 시간에 배운 내용에서 출제되기 때문에 시험에 대비할 수 있어서 유리한 반면, 문제가 수능보다 까다롭게 출제될 가능성이 높습니다.

내용 관련 문제에 대비하기 위해서는 글의 주제와 흐름을 반드시 숙지해야 합니다. 문단별로 주제문을 표시해 놓고 글의 흐름 파악을 위해 개요를 작성합니다. 직독직해가 힘들다면 해석본의 도움을 받아서라도 글의 흐름, 문단별 내용과 주제를 꼭 파악해 두도록 합니다. 특히, 주제문은 서술형·논술형 문제와 같이 배점이 큰 문제나, 빈칸 추론, 글의 순서, 문단 요약과 같이 난이도가 높은 문제에 출제될 확률이 높기 때문에 암기를 하는 것이 좋습니다.

연결사로 논리적 흐름을 파악하라

영어 독해에서 주제 파악 다음으로 중요한 것은 글의 논리적 흐름을 파악하는 것입니다. 글의 순서, 문장 위치, 흐름에 무관한 문장, 어휘 적절성과 같은 유형은 글의 논리적 흐름을 파악해야 해결할 수 있는 문항들입니다. 글의 흐름을 쉽게 파악할 수 있도록 도와주는 장치가 바로 연결사나 접속부사입니다. 문장과 문장을 연결해주는 접속부사와 같은 연결사는 글의 흐름을 결정하는 방향타와도 같아서 글의 맥락과 논리를 알려주는 고마운 단서가 됩니다.

따라서, 글을 읽을 때 습관적으로 연결사를 의식하면서 읽어야 합니다. 연결사는 글의 맥락과 논리적 흐름이 달라질 수 있는 변곡점이 됩니다. 글의 흐름을 파악할 때 연결사를 주목한다면 글의 순서, 문장 위치, 흐름에 무관한 문장, 어휘 적절성, 빈칸 추론과 같은 배점과 난이도가 높은 유형의 문항도 쉽게 해결할 수 있는 단서를 찾을 수 있습니다. 또한, 연결사 자체를 빈칸으로 만들어 출제하는 경우도 많기 때문에 어떤 연결사가 쓰였는지 반드시 암기하고, 연결사가 글의 어디에 위치하는지, 연결사의 전후 글의 흐름이 어떻게 변화되는지도 숙지하고 암기해야 합니다.

| 글의 논리적 흐름을 나타내는 연결사 표현 |

논리적 흐름	연결사 표현
열거 (또한, 게다가)	And, Also, Plus, Besides, Moreover, what's more, Furthermore, Additionally, In addition, Similarly, Likewise, as well, too(문장 끝에 옴)
부연 설명 (다시 말해서)	In other words, That is (to say)
예시 (예를 들어)	For example, For instance, For an illustration, Illustrate~, Imagine~, Picture~, Consider~, Exemplify~, Take an example, Take~ for example
인과 (그러므로, 결과적으로)	So, Therefore, Thus, Hence, Accordingly, Eventually, Consequently, As a consequence, As a result, For this reason
역접 (그러나, 반대로)	But, However, Still, Yet, Nevertheless, Nonetheless, Rather, Even so, Conversely, Contrarily, To the contrary, On the contrary, Though, Although, Even though
비교 / 대조 (반면에, 반대로)	While, Whereas, Though, Although, Even though, On the other hand, In contrast, On the contrary, To the contrary
결론 (요약하면, 결론적으로)	In short, In brief, In conclusion, In summary, To conclude, To summarize, To sum up

| 내신 영어 1등급 전략 (예습 → 수업 → 복습 → 시험 대비) |

❶ **(예습)** 수업 전에 지문의 단어 및 숙어 암기하기(단어·숙어 암기)

↓

❷ **(예습)** 수업 전에 지문 읽으며 지문의 내용과 주제 파악하기(내용·주제 파악)

↓

❸ **(수업)** 수업 들으며 지문의 내용과 주제 확인하고 암기하기(1차 내용·주제 암기) 어법 및 구문 분석 설명 듣기

– 지문 내용 및 주제 정리, 선생님 강조 부분 유념하며 어법과 구문 분석 필기하기(구문 분석 수업)

↓

❹ **(복습)** 수업 후 어법 및 구문 분석 복습하기(구문 분석 복습)

– 자신에게 어법과 구문 분석을 설명하면서 확실하게 이해했는지 점검하기

↓

❺ **(시험) D–4주** 지문 단락별 내용 개요(흐름) 및 주제 정리하고 암기하기(2차 내용·주제 정리·암기)

– 영어 지문을 보고 내용 파악이 힘든 경우, 해석본을 이용하여 내용을 이해한 후 단락별 내용 개요 및 주제 파악하기
– 내용 관련된 문제가 가장 많으므로 글의 내용과 주제에 대한 파악은 시험 대비의 기본임
– 주제 파악은 글의 목적, 주장, 요지, 주제, 제목, 문단 요약 문제에 유용함
– 글의 개요와 흐름 파악은 내용 일치, 심경·분위기, 글의 순서, 문장 위치, 흐름에 무관한 문장, 빈칸 추론, 어휘 적절성 문제에 유용함

↓

❻ **(시험) D–3주** 구문 분석하기(셀프 구문 분석), 연결사 외우기(연결사 암기)

– 구문 분석을 통해 문장의 구조를 파악하여 완벽하게 해석하고 빈출 어법을 파악하여 까다로운 어법 문제 및 서술형, 논술형 문제에 대비하기
– 접속부사 및 연결사 암기하기: 접속부사나 연결사는 글의 흐름을 파악하기 위한 핵심 단서이므로 글의 순서, 문장 위치, 흐름에 무관한 문장, 어휘 적절성 문항에 대비하기 위해 암기하기

❼ (시험) D-2주 구문 분석 암기하기(N회독)(구문 분석 암기)

서술형, 논술형 문제 대비 중요 부분 정리 및 암기하기(1차 서술형·논술형 정리·암기)

- 구문 분석을 최소 2회 이상 필요에 따라 N회독 하면서 암기하기
- 서술형·논술형 문항에는 구조적으로는 문장의 길이가 적당히 길고 복잡한 구문이나 어법이 쓰인 문장이 출제될 확률이 높고, 내용적으로는 주제문이 출제될 확률이 높기 때문에 이러한 조건에 해당하는 문장들을 찾아 형광펜으로 표시하고 암기하기
- 구문 분석과 서술형 암기가 끝난 후에는 중요 어법이나 구문, 연결사 등을 빈칸으로 만들어 풀어보면서 자신의 학습 상태 점검하기(1차 빈칸 문제 풀이)

❽ (시험) D-1주 예상 문제 만들어 풀기(1차 예상 문제 풀이)

- 내용 정리 및 구문 분석을 통해 본문이나 지문에서 중요 부분을 파악하였으므로, 출제자의 입장에서 예상 시험 문제를 만들며 중요한 부분을 각인시키고 요점 정리하기

❾ (시험) D-5일 변형 문제 풀기(1차 변형 문제 풀이)

- 참고서, 문제집, 학원, 학습 사이트 등을 통해서 다양한 내신 문제 구해서 풀기

❿ (시험) D-3일 지문을 보면서 글의 내용 및 주제를 말하면서 암기 상태를 확인하고 개요 요약하기(3차 내용·주제 암기 확인·요약)

⓫ (시험) D-2일 총정리 (상편)

- 자신이 직접 만든 빈칸 풀이(구문 분석, 어법, 연결사) 복습하기(2차 빈칸 문제 복습)
- 서술형·논술형 문제 대비 암기한 문장을 말하고 쓰면서 암기 상태 확인하기(2차 서술형·논술형 암기 확인)

⓬ (시험) D-1일 총정리 (하편)

- 자신이 직접 만든 예상 문제 다시 복습하기(2차 예상 문제 복습)
- 변형 문제 풀이 중 오답 확인하기(2차 변형 문제 오답 풀이)

TIP_ 내신 영어 1등급 플래너

순서	시기	학습 플랜	학습플랜 요약		Checklist
			개념 이해 &문제 풀이	암기	
1	예습	• 수업 전에 지문의 단어 및 숙어 암기하기(단어·숙어 암기)		단어·숙어 암기	☐ Complete ☐ Not complete
2	예습	• 수업 전에 지문 읽으며 지문의 내용과 주제 파악하기(내용·주제 파악)	내용·주제 파악		☐ Complete ☐ Not complete
3	수업	• 수업 들으며 지문의 내용과 주제 확인하고 암기하기(1차 내용·주제 암기) • 어법 및 구문 분석 설명 듣고 필기하기(구문 분석 수업)	구문 분석 수업	1차 내용·주제 암기	☐ Complete ☐ Not complete
4	복습	• 수업 후 자신에게 설명하며 어법 및 구문 분석 이해도 점검하기(구문 분석 복습)	구문 분석 복습		☐ Complete ☐ Not complete
5	시험 D-4주	• 지문 단락별 내용 개요 (흐름) 및 주제 정리하고 암기하기(2차 내용·주제 정리·암기)		2차 내용·주제 정리·암기	☐ Complete ☐ Not complete
6	시험 D-3주	• 구문 분석하기(셀프 구문 분석) • 연결사 암기하기(연결사 암기)	셀프 구문 분석	연결사 암기	☐ Complete ☐ Not complete
7	시험 D-2주	• 구문 분석 암기하기(N회독)(구문 분석 암기) • 서술형, 논술형 문제 대비 중요 부분 정리 및 암기하기(1차 서술형·논술형 정리·암기) • 어법, 구문, 연결사 빈칸 문제 만들어 풀기(1차 빈칸 문제 풀이)	1차 빈칸 문제 풀이 (어법, 구문, 연결사)	구문 분석 암기 1차 서술형·논술형 정리·암기	☐ Complete ☐ Not complete
8	시험 D-1주	• 예상 문제 만들어 풀기 (1차 예상 문제 풀이)	1차 예상 문제 풀이		☐ Complete ☐ Not complete

순서	시기	학습 플랜	학습플랜 요약		Checklist
			개념 이해 &문제 풀이	암기	
9	시험 D–5일	• 학원, 학습 사이트 등의 다양한 변형 문제 풀기 (1차 변형 문제 풀이)	1차 변형 문제 풀이		☐ Complete ☐ Not complete
10	시험 D–3일	• 지문의 내용과 주제 암기 확인, 개요 요약하기 (3차 내용·주제 암기 확인·요약)		3차 내용·주제 암기 확인·요약	☐ Complete ☐ Not complete
11	시험 D–2일 총정리 (상편)	• 어법, 구문, 연결사 빈칸 문제 복습하기(2차 빈칸 문제 복습) • 서술형·논술형 대비 암기 확인하기(2차 서술형·논술형 암기 확인)	2차 빈칸 문제 복습 (어법, 구문, 연결사)	2차 서술형· 논술형 암기 확인	☐ Complete ☐ Not complete
12	시험 D–1일 총정리 (하편)	• 자신이 만든 예상 문제 복습하기(2차 예상 문제 복습) • 변형 문제 오답 확인하기 (2차 변형 문제 오답 풀이)	2차 예상 문제 복습 2차 변형 문제 오답 풀이		☐ Complete ☐ Not complete

2. 수능 영어 1등급 공부법

수능 영어 등급이 안 나오나요? 무엇이 문제일까요?

자신에게 해당하는 곳에 모두 체크해 보세요.

수능 영어 모의고사 볼 때, 나는 _____

☐ 1. 듣기 평가에서 틀리는 문제가 있다.

☐ 2. 단어를 몰라서 해석이 안 된다.

☐ 3. 구문 분석이 안 돼서 길고 복잡한 문장은 해석이 안 된다.

☐ 4. 문장 해석은 되는데 전체 글의 내용이 이해가 안 된다.

☐ 5. 문장 해석도 되고 글의 내용도 이해되는데 선택지에서 정답을 못 찾겠다.

☐ 6. 문제 풀 때는 맞았다고 생각했는데 채점하면 틀린 경우가 있다.

☐ 7. 특정 유형에서 주로 틀린다.

☐ 8. 어법 문제를 틀린다.

☐ 9. 시간이 부족하다.

☐ 10. 1점 차이로 한 등급이 떨어진다.

여러분은 몇 번에 해당하나요? 몇 가지의 문제점이 보이나요?

1번부터 체크가 되었다면 영어의 기초가 많이 부족한 상태이고, 앞으로 갈 길이 멉니다. 뒤쪽 번호에 주로 체크가 되었다면 기초 체력이 없는 상태는 아니기 때문에 자신의 부족한 부분을 찾아내어 집중적으로 보완한다면 단기간에라도 등급을 올릴 수 있는 가능성이 높습니다.

체크리스트를 통해 현재 자신의 상태를 점검해 보세요. 자신의 문제점이 무엇인지 파악하고 해결책을 찾기 위한 전략을 세워 보세요. 저마다 현재 위치와 앞으로 나아갈 방향과 거리는 다를 것입니다. 당장 모든 학생들이 수능 1등급을 목표로 삼을 수는 없으니까요. 현재 자신의 위치에서 한 단계씩 차근차근 올라갈 수 있도록 지금부터라도 실현 가능한 목표를 세우고 꾸준히 노력하는 자세가 중요합니다.

절대평가의 장점을 이용하라

영어는 다른 영역에 비해 목표 등급을 받기가 쉽습니다.

왜냐하면, 수능 영어는 절대평가이고, 문제 유형이 정해져 있으며, EBS와 연계가 되기 때문입니다. 특히, 영어는 국어, 수학, 영어, 탐구 4개 영역 중 유일하게 절대평가입니다. 공부해야 할 것이 너무나 많은 고등학생들에게 절대평가는 단점보다는 장점이 훨씬 더 많습니다. 따라서, 우리는 수능에서 국어, 수학, 영어, 탐구 영역 중 유일하게 영어만 절대평가라는 점을 전략적으로 잘 활용해야 합니다.

절대평가라는 것은 시험 때마다 변하지 않는 '절대적인' 기준이 있다는 것입니다. 절대적인 기준이 있다는 것은 절대평가의 가장 큰 장점으로 시험 결과에 대한 예측 가능성을 높여 줍니다. 상대평가에서는 시험 때마다 문항 난이도와 변별력, 전체 응시생들의 득점 결과에 따라 표준 점수와 등급이 달라지지만, 절대평가에서는 정해진 점수 이상만 받으면 등급이 확정됩니다. 점수 자체는 의미가 없기 때문에 사실상 학생들은 자신이 원하는 영어 등급만 확보하면 더 이상 영어 공부에 매달릴 필요가 없습니다. 이것은 수험생들에게 부담을 크게 덜어주는 것입니다.

이러한 이유로 영어 영역 절대평가는 실제로 대입에서 수시와 정시를 준비하는 모든 학생들에게 유리한 전략을 제공합니다. 우선, 수시 전형에서 수능 최저 기준을 충족해야 하는 경우, 영어가 다른 영역에 비해 등급 확보가 쉽기 때문에 수능 최저 기준 충족 영역으로 영어를 활용하는 것이 좋습니다. 최근 인문 계열과 자연 계열을 망라하고 영어 영역은 수능 최저 기준의 필수 영역이 되었습니다.

또한, 정시의 수능 위주 전형을 준비하는 수험생들은 영어에서 목표 등급을 확보한 후에는 다른 영역 공부에 매진할 수 있습니다. 이는 수능 전 과목을 대비해야 하는 수험생들에게 윈윈(win-win) 전략이 됩니다. 이와 같이 영어 영역 절대평가의 장점을 잘 이용하여 자신에게 가장 유리한 입시 전략을 세운다면 수시와 정시 모두에서 좋은 결과를 얻을 수 있을 것입니다.

기출 문제 풀이로 대비하라!

수능 영어는 출제 유형이나 경향에 있어서 변수가 적은 영역입니다. 다른 영역에 비해 지문의 경향성, 문항의 난이도, 변별력, 유형 등에 있어서 매년 크게 달라지는 부분이 없습니다. 심지어는 문항 번호별 문제 유형이 정해져 있을 정도로 예측이 가능합니다. 따라서, 기출 문제 풀이와 EBS 수능 연계 교재 풀이를 꾸준히 하는 것만으로도 수능에 대한 대비가 충분합니다.

다만, EBS 수능 연계율이 낮아지고 직접 연계에서 간접 연계로 바뀌면서 수능 영어의 체감 난이도는 사실상 매우 높아졌습니다. 특히, 대입에서 정시 선발 인원이 늘어나는 상황에서 수능의 변별력이 더욱 중요해지고 있기 때문에 수능의 전반적인 난이도가 높아지는 것은 피할 수 없는 추세입니다.

그렇다면, 변화하는 상황에 대비하기 위해서 우리는 무엇을 어떻게 해야 할까요?

시험이 어려워지는 상황에 당황하지 않기 위해서는 보다 더 효율적인 학습 전략과 철저한 준비로 흔들리지 않는 실력을 갖추는 것 외에는 방법이 없습니다. 따라서, 평소 최대한 많은 기출 문제를 유형별 또는 실전 문제 풀이를 통해 다루면서 수능 영어 영역 평가에 적응력을 키우는 것이 중요합니다. 시험 상황에 익숙할수록 시험 당일 정신적으로도 흔들리지 않고 안정감을 유지할 수 있기 때문에 멘탈 관리 차원에서도 실전 연습은 매우 중요합니다.

문제 풀이 연습으로 기출 문제 풀이보다 더 좋은 것은 없습니다. 기출 문제는 이미 수능에 출제된 문항들이므로 앞으로 수능에 출제될 문항들과 가장 유사하기 때문입니다. 또한, 전문성 있는 출제진에 의해 문항의 유형, 지문의 종류, 글의 소재와 주제의 경향, 사용된 어휘의 양과 수준 등 모든 면에서 이미 검증된 문제들이기 때문에 기출 문제보다 수능 대비에 더 적합한 문제는 없습니다. 출제 경향이 매년 조금씩 변화될 수 있기 때문에 기출 문제 풀이를 할 때에는 최근 기출 문제부터 시작하는 것이 좋습니다.

다만, 영어는 다른 과목과는 달리 학년의 경계가 없기 때문에 처음 문제 풀이를 할 때에는 학년에 구애받지 않고 자신의 수준에 맞는 기출 문제로 시작하는 것이 좋습니다. 특히, 고1, 고2 학생들에게 수능 기출 문제나 EBS 연계 교재는 다소 어려울 수 있습니다. 고3이라도 수능 기출이나 EBS 연계 교재가 너무 어렵다면 고1, 고2 기출 모의고사로 시작해 보세요. 최근 문제부터 과거 문제까지 거슬러 올라가면서 유형별 문제 풀이 연습부터 집중적으로 하는 것이 좋습니다. 자신이 취약한 유형을 찾아서 원인을 분석하고 취약한 부분을 집중적으로 보완하는 연습을 추가로 해야 합니다.

수능 영어는 속도 싸움입니다. 유형별 기출 문제 풀이 연습이 다 된 후에는 주어진 시간 내에 효율적으로 문제를 다루어 목표 등급을 받을 수 있는 전략을 세워야 합니다. 영어는 절대평가이기 때문에 1점 때문에 한 등급이 올라갈 수도 있고 반대로 내려갈 수도 있습니다. 따라서 목표 등급을 안정적으로 확보하기 위해서는 시간 관리가 매우 중요합니다. 시간을 조금이라도 단축할 수 있도록 치밀한 전략이 필요합니다.

예를 들어, 듣기 평가 때 독해 문항을 같이 풀 것인지의 여부, 독해 문제를 푸는 순서, 유형별 문제 풀이 시간을 줄이는 방법, 같은 시간에 고득점을 할 수 있는 비법 등 치밀하고 입체적인 실전 전략을 세워야 합니다. 주어진 시간 안에 최다 득점을 하기 위해서 쉬운 유형부터 어려운 유형 순서로 풀고, 한 번 읽은 지문은 꼭 정답을 맞히는 전략을 써야 합니다. 같은 시간 내에 더 많은 득점을 할 수 있도록 가성비 높은 문제를 우선 해결하고, 난이도가 높아서 풀어도 틀릴 확률이 높은 문제는 가장 마지막에 해결하는 등 거시적인 시험 대응 전략이 필요합니다. 수능 전체 45문항을 어떤 방식으로 접근해서 해결하는 것이 가장 효율적일지에 대한 치열한 고민을 해야 할 것입니다.

이를 위해서는 자신의 강점과 약점이 무엇인지 파악하기 위해 실전 문제 풀이를 통한 철저한 자기 진단과 분석이 선행되어야 합니다. 자신의 상황에 최적화된 실전 전략을 세운 후에는 실전 상황과 똑같이 시간을 설정하고 문제를 최대한 많이 풀어 보는 연습이 필요합니다. 꾸준한 연습을 통해서만 실전에 대한 적응력과 시험에 대한 자신감을 높임으로써 자신이 목표한 등급을 성취할 수 있습니다.

1문제 때문에 3등급으로 떨어졌다구요? 시험 대응 전략을 다시 한번 점검해 보세요. 문제 푸는 순서만 바꾸더라도 2등급으로 올라갈 수 있습니다.

EBS에 답이 있다!

EBS 수능 연계율이 낮아지고 직접 연계에서 간접 연계로 전환됨에 따라 EBS 수능 연계 지문과 똑같은 지문이 수능에 출제되지 않게 되면서 'EBS 수능 연계'라는 표현 자체에 대해 회의적으로 생각하는 사람들이 많습니다.

'직접 연계'란 EBS 수능 연계 교재의 지문과 똑같은 지문이 문제 유형만 바뀌어 출제되는 방식이라면, '간접 연계'란 EBS 수능 연계 지문에서 다루었던 내용이나 주제와 관련은 있지만 아예 다른 지문이 출제되는 방식을 말합니다. 지문의 내용이나 주제가 연계되었다 하더라도 지문 자체가 다르기 때문에 대다수의 학생들 눈에는 완전히 다른 글로 보일 수 있습니다. 사실상 간접 연계를 체감하기 힘들기 때문에 'EBS 수능 연계'라는 표현을 빗대어 '빛 좋은 개살구'라고 볼멘소리를 하기도 합니다.

하지만, 그럼에도 불구하고 기출 문제 다음으로 수능 준비에 가장 도움이 되는 교재가 EBS 수능 연계 교재라는 데에는 이견이 없습니다. 이유는 수능에 출제되는 지문이 EBS 수능 연계 교재의 지문 경향성에서 크게 벗어나지 않고 간접 연계이긴 하지만 지문의 소재와 주제에 관련성이 있고 연계율이 줄긴 했지만 아직까지는 시중 교재 중 가장 높은 수능 연계율과 예측가능성을 가지고 있기 때문입니다. 특히 수능을 바로 코앞에 두고 있는 고3 수험생들에게 EBS 수능 연계 교재는 최고의 수능 영어 대비 교재임이 분명합니다.

다만, 간접 연계로 변화된 부분을 감안하여 문제를 풀 때 지문을 수박 겉핥기식으로 이해하거나 구문 분석에 지나치게 많은 시간을 할애해선 안 됩니다. 지문에서 다루고 있는 소재와 주제, 배경 지식과 같은 내용 이해에 보다 집중해야 합니다. 글에서 다루는 내용에 대한 깊이 있는 이해가 되었다면 수능에서 간접 연계된 지문이 출제되더라도 당황하지 않고 지문의 내용을 쉽게 이해하여 문제를 해결할 수 있을 것입니다.

수능 독해 영역에서 학생들에게 요구하는 능력은 빠른 시간 내에 지문의 내용을 파악하는 능력이므로 위와 같은 내용 이해 위주의 공부 방법은 독해력을 근본적으로 향상시킬 수 있는 바람직한 방법입니다. 이렇게 내용 이해에 초점을 두어 글의 소재와 주제에 대한 심도 있는 공부를 한다면 EBS 간접 연계 문제 뿐만 아니라 다른 어떤 문제를 만나더라도 당황하지 않고 잘 대처할 수 있을 것입니다.

수능 영어 영역의 체감 난이도가 점점 올라가고 있습니다. 앞으로 목표 등급을 확보하기 위해서는 지금보다 더 많은 시간과 노력을 영어 공부에 기울여야겠습니다.

| 수능 영어 난이도별 문항 구성 및 유형 |

난이도	문항수	배점	유형	구분
최하	17	37점	• 맥락 파악, 중심 내용 파악 • 세부 내용 파악 • 간접 말하기 • 1담화 2문항	듣기
최하	8	16점	• 안내문 내용 일치 • 글의 내용 일치 • 도표 내용 일치 • 글의 목적 • 심경·분위기 • 글의 주장·요지	독해
하	5	13점	• 함축적 의미 • 글의 주제·제목 • 어법 정확성 • 어휘 적절성	
중	5	10점	• 장문 독해(1) • 장문 독해(2)	
상	6	14점	• 흐름에 무관한 문장 • 글의 순서 • 문장 위치 • 문단 요약	
최상	4	10점	• 빈칸 추론	
계	45	100점	• 듣기 17문항 (37점) • 독해 28문항 (63점)	

| 수능 영어 독해 문항 푸는 순서 (난이도 최하 → 최상) |

| 최하 | (27번, 28번) 안내문 내용 일치
→ (26번) 글의 내용 일치 → (25번) 도표 내용 일치 | ▶ | 6등급
(45점) |

| 최하 | (18번) 글의 목적 → (19번) 심경·분위기
→ (20번, 22번) 글의 주장·요지 | ▶ | 5등급
(53점) |

| 하 | (21번) 함축적 의미 → (23번, 24번) 글의 주제·제목
→ (29번) 어법 정확성 → (30번) 어휘 적절성 | ▶ | 4등급
(66점) |

| 중 | (41번, 42번) 장문 독해(1)
→ (43번, 44번, 45번) 장문 독해(2) | ▶ | 3등급
(76점) |

| 상 | (35번) 흐름에 무관한 문장
→ (36번, 37번) 글의 순서 | ▶ | 2등급
(83점) |

| 상 | (38번, 39번) 문장 위치 → (40번) 문단 요약 | ▶ | 1등급
(90점) |

| 최상 | (31번, 32번, 33번, 34번) 빈칸 추론 | ▶ | 1등급 만점
(100점) |

| 수능 영어 1등급 로드맵 |

목표 단계	목표 등급	목표 점수	목표 문항(난이도 문항수)	
			듣기	독해
1단계	7등급	37점	듣기 17문항 (최하17) 37점	
2단계	6등급	45점	듣기 17문항 (최하17) 37점	독해 4문항(최하4) 8점 – 최하4: 안내문 내용 일치, 글의 내용 일치, 도표 내용 일치
3단계	5등급	53점	듣기 17문항 (최하17) 37점	독해 8문항(최하8) 16점 – 최하8: 안내문 내용 일치, 글의 내용 일치, 도표 내용 일치, 글의 목적, 심경·분위기, 글의 주장·요지
4단계	4등급	66점	듣기 17문항 (최하17) 37점	독해 13문항(최하8, 하5) 29점 – 최하8: 안내문 내용 일치, 글의 내용 일치, 도표 내용 일치, 글의 목적, 심경·분위기, 글의 주장·요지 – 하5: 함축적 의미, 글의 주제·제목, 어법 정확성, 어휘 적절성
5단계	3등급	76점	듣기 17문항 (최하17) 37점	독해 18문항(최하8, 하5, 중5) 39점 – 최하8: 안내문 내용 일치, 글의 내용 일치, 도표 내용 일치, 글의 목적, 심경·분위기, 글의 주장·요지 – 하5: 함축적 의미, 글의 주제·제목, 어법 정확성, 어휘 적절성 – 중5: 장문 독해(1), 장문 독해(2)
6단계	2등급	83점	듣기 17문항 (최하17) 37점	독해 21문항(최하8, 하5, 중5, 상3) 46점 – 최하8: 안내문 내용 일치, 글의 내용 일치, 도표 내용 일치, 글의 목적, 심경·분위기, 글의 주장·요지 – 하5: 함축적 의미, 글의 주제·제목, 어법 정확성, 어휘 적절성 – 중5: 장문 독해(1), 장문 독해(2) – 상3: 흐름에 무관한 문장, 글의 순서
7단계	1등급	90점	듣기 17문항 (최하17) 37점	독해 24문항(최하8, 하5, 중5, 상6) 53점 – 최하8: 안내문 내용 일치, 글의 내용 일치, 도표 내용 일치, 글의 목적, 심경·분위기, 글의 주장·요지 – 하5: 함축적 의미, 글의 주제·제목, 어법 정확성, 어휘 적절성 – 중5: 장문 독해(1), 장문 독해(2) – 상6: 흐름에 무관한 문장, 글의 순서, 문장 위치, 문단 요약
8단계	1등급 만점	100점	듣기 17문항 (최하17) 37점	독해 28문항(최하8, 하5, 중5, 상6, 최상4) 63점 – 최하8: 안내문 내용 일치, 글의 내용 일치, 도표 내용 일치, 글의 목적, 심경·분위기, 글의 주장·요지 – 하5: 함축적 의미, 글의 주제·제목, 어법 정확성, 어휘 적절성 – 중5: 장문 독해(1), 장문 독해(2) – 상6: 흐름에 무관한 문장, 글의 순서, 문장 위치, 문단 요약 – 최상4: 빈칸 추론

| 수능 영어 1등급 전략 |

❶ 1단계 (7등급)

– 목표 점수: 듣기(최하) 유형 17문항 37점(만점) → 총 37점 (7등급)
– 목표 유형: (듣기)맥락 파악, 중심 내용 파악, 세부 내용 파악, 간접 말하기, 1담화 2문항
– 듣기는 100점 중 37점으로 비중이 가장 크고 쉬운 유형이다
– 기본기가 부족한 학생들도 단기간 점수 향상이 가능하다
– 2, 3문제 더 틀리더라도 7등급이 가능하다

❷ 2단계 (6등급)

– 목표 점수: 독해(최하) 유형 4문항 8점 → 총 45점 (6등급)
– 목표 유형: 안내문 내용 일치, 글의 내용 일치, 도표 내용 일치
– 독해에서 가장 쉬운 유형이다
– 기본기가 부족한 학생들도 단기간 점수 향상이 가능하다
– 1, 2문제 더 틀리더라도 6등급이 가능하다

❸ 3단계 (5등급)

– 목표 점수: 독해(최하) 유형 4문항 8점 → 총 53점 (5등급)
– 목표 유형: 글의 목적, 심경·분위기, 글의 주장·요지
– 독해에서 쉬운 유형이다
– 기본기가 부족한 학생들도 단기간 점수 향상이 가능하다
– 1문제 더 틀리더라도 5등급이 가능하다

❹ 4단계 (4등급)

– 목표 점수: 독해(하) 유형 5문항 13점 → 총 66점 (4등급)
– 목표 유형: 함축적 의미, 글의 주제·제목, 어법 정확성, 어휘 적절성
– 독해(하) 유형부터는 선택지가 영어여서 어려워지기 시작한다
– 2, 3문제 더 틀리더라도 4등급이 가능하다

❺ 5단계 (3등급)

– 목표 점수: 독해(중) 유형 5문항 10점 → 총 76점 (3등급)
– 목표 유형: 장문 독해(1), 장문 독해(2)
– 독해(중) 유형은 장문 독해로 지문이 길고, 1지문 다문항이다
– 난이도에 비해 배점(10점)이 높아서 고득점을 위해 반드시 정복한다
– 2, 3문제 더 틀리더라도 3등급이 가능하다

❻ 6단계 (2등급)

– 목표 점수: 독해(상) 유형 3문항 7점 → 총 83점 (2등급)
– 목표 유형: 흐름에 무관한 문장, 글의 순서
– 독해(상) 유형부터는 논리력과 사고력을 요하는 어려운 문항이고, 3점 문항이 있다
– 1문제 더 틀리더라도 2등급이 가능하다

❼ 7단계 (1등급)

– 목표 점수: 독해(상) 유형 3문항 7점 → 총 90점 (1등급)
– 목표 유형: 문장 위치, 문단 요약
– 독해(상) 유형부터는 논리력과 사고력을 요하는 어려운 문항이고, 3점 문항이 있다
– 목표 점수를 획득해야 1등급이 가능하다

❽ 8단계 (1등급 만점)

– 목표 점수: 독해(최상) 유형 4문항 10점 → 총 100점 (1등급 만점)
– 목표 유형: 빈칸 추론
– 독해(최상) 유형은 최고난이도 문항으로 유형별 문항수와 배점이 가장 크다
– 시간이 많이 소요되고 정답률도 낮아서 마지막에 푸는 것이 좋다
– 목표 점수를 획득해야 1등급 만점이 가능하다

| 수능 D-10 최상의 컨디션 만들기 10계명 |

❶ 생체리듬 유지를 위해 벼락치기, 밤샘, 카페인을 끊어라.

❷ 시험 2~3시간 전 기상을 미리 연습하라.(생체 시계를 수능 모드로 세팅하기)

❸ 시험 스트레스로 답답함, 두통, 소화불량, 불면증 발생 시 명상, 스트레칭, 30분 걷기로 완화하라.

❹ 자극적인 음식과 무리한 아침 먹기를 피하고, 졸음 방지를 위해 식사량을 2/3로 유지하라.

❺ 집중력을 위해 단백질과 탄수화물 위주의 소화 잘되는 음식을 섭취하고, 열량 보충을 위해 초콜 릿, 사탕, 바나나를 준비하라.

❻ 커피나 에너지 드링크는 두통과 이뇨작용으로 피하고, 따뜻한 차나 생수를 마셔라.

❼ 공진단, 청심환 등 한약은 미리 먹어보라.

❽ 여학생은 생리통 예방을 위해 아랫배와 하체를 따뜻하게 하고, 기혈순환을 위해 스키니진이나 짧 은 치마를 금하라.

❾ 수능 한파 대비 따뜻한 옷차림을 하라.(두꺼운 한 벌보다 얇은 옷 여러 벌 입기)

❿ 새로운 내용보다 오답노트로 틀린 것을 확실히 알고, 반드시 기억해야 할 개념은 따로 정리해서 수능 당일 훑어보라.

TIP_ 수능 영어 1등급 전략

01. 듣기 평가 만점 확보하기.

02. 못 들은 듣기 문제에 집착하지 말고 다음 문제에 집중하기.

03. 듣기 만점자만 독해(최하) 유형 8문항에 한해 듣기와 병행해서 풀기.

04. 독해 영역 문항 푸는 순서는 난이도 최하부터 최상 순으로 풀기.

05. 독해에서 한 번 읽은 지문은 꼭 맞히기.

06. 장문 독해는 문제가 쉽고 배점이 크므로 반드시 먼저 풀기.

07. 빈칸 추론과 같이 어렵고 정답률이 낮은 유형은 마지막에 풀기.

08. 글의 구조를 파악하여 글의 주제와 논리적 흐름 찾기.

09. 유형별로 정답의 단서와 확률로 정답률 높이기.

10. 종료 10분 전에 답안지 미리 작성하여 멘탈 관리하기.

3. 내신 영어와 수능 영어, 뭐가 더 중요해요?

정시를 위해 수시에 올인하라

정시 선발 인원이 최근 서울 주요 대학 위주로 늘었지만 전국적으로는 아직도 수시가 차지하는 비율이 80%에 가까울 정도로 압도적으로 높습니다. 수시와 정시에 어떻게 대처해야 하는지를 말해주는 중요한 데이터입니다.

수시는 이렇게 많은 인원을 선발할 뿐만 아니라 선발 과정에서도 정시보다 여러모로 유리합니다. 정시는 3회의 지원 기회가 있지만 수시는 2배인 6회의 지원 기회가 있습니다. 정시는 수능 당일 한 번의 시험으로 모든 것이 결정되지만 수시는 2년 반 동안의 학교 생활을 토대로 자신에게 가장 유리한 전형을 선택할 수 있습니다. 수시는 교과, 비교과, 수능 최저 충족 여부, 논술, 면접, 실기 등 자신의 강점을 고려하여 전형을 선택할 수 있는 학생 맞춤형 전형입니다.

특히, 수시의 장점은 수능 성적이 필수가 아니라는 것입니다. 내신 성적과 학교 활동이 우수하다면 수능에 응시하지 않고도 지원할 수 있습니다. 자신의 수능 경쟁력에 따라 수능 최저가 있는 전형이나 없는 전형을 택할 수 있습니다. 수능 최저 요건이 정시 합격선보다 낮기 때문에 지원 요건만 갖춘다면 수시에서 수능 최저 요건을 충족하는 것이 훨씬 유리합니다.

적극적인 수시 지원 전략은 정시를 위해서도 꼭 필요합니다. 수능의 불확실성으로 인한 정시 불안감을 해소하고 수능일까지 멘탈이 흔들리지 않도록 하기 위해서는 안전한 수시 지원 전략이 필수입니다. 특히, 멘탈이 약한 학생일수록 정시에 모든 것을 걸어야 하는 상황에서는 심리적인 압박이 시험 당일 스트레스로 작용하여 평소 실력조차 충분히 발휘하기 힘듭니다. 따라서, 안전한 수시 전략으로 정시 리스크를 줄이는 것은 매우 중요한 수능 전략입니다.

수시에서 안전벨트를 튼튼하게 맨 학생들이 결국 수능에서도 최상의 컨디션을 발휘할 수 있겠지요?

내신은 필수, 수능은 선택?

수시가 이렇게 유리한 전형임에도 불구하고 어느 날 갑자기 정시파를 선언하며 수시 전형에 지원하지 않겠다고 폭탄선언을 하는 학생들이 있습니다. 그리고는 그 날부터 수능에 올인하겠다면서 학교 공부를 아예 손 놓아 버립니다. 수업도 듣지 않고 수행평가도 챙기지 않습니다. 과연 이 학생들은 진정한 정시파일까요?

제가 만난 정시파(?) 학생들 중에는 전략적으로 정시에 적합한 학생들보다는 현실을 회피하고 싶어하는 학생들이 더 많았습니다. 원하는 내신이 나오지 않고 수능 공부할 시간도 없다 보니 초조한 마음에 수능에 전념하겠다는 명분을 내세워 학교 시험과 수행평가를 아예 포기해 버립니다. 이런 학생들의 대다수는 내신 성적을 포기하는 댓가로 수능 성적을 얻는 것이 아니라 결국 공부 자체를 포기하게 됩니다.

공부는 고도의 정신 활동입니다. 무엇보다도 멘탈의 영향을 가장 많이 받습니다. 아무리 스스로 정시파라는 최면을 걸어도 떨어지는 성적을 보면서 마음 편한 학생은 없을 것입니다. 스트레스를 받으면 공부에 집중할 수 없고 성적이 오를 수 없습니다. 내신을 포기하는 학생들은 수능에 올인하겠다며 정신 승리를 다짐하지만, 현실은 다릅니다. 내신을 포기하는 순간 수능뿐만 아니라 입시를 포기하게 되는 악순환이 시작됩니다.

많은 학생들이 간과하는 것이 있습니다. 내신과 수능은 별개의 공부가 아니라는 것입니다. 수능의 밑바탕은 학교 공부이기 때문에 내신을 포기하고 수능을 잘 볼 것이라는 논리는 성립하지 않습니다. 처음에는 내신이 불안하니 수능이라도 제대로 준비해야겠다는 절박한 마음이었겠지만 결과적으로는 점점 더 떨어지는 내신을 보면서 불안감은 증폭되고 수능 공부에 집중하기는 더더욱 어려워집니다. 떨어지는 성적만큼 자기효능감과 자존감도 같이 떨어지므로 멘탈은 더욱 불안해지는 악순환으로 이어집니다. 따라서, 수능에 올인하기 위해 내신을 포기해서는 절대로 안 됩니다.

특히 고3이 되면 학교 공부며 수능 공부며 시간은 없는데 할 것이 너무 많습니다. 이런 상황에서는 쉽게 초조해지고 멘탈이 흔들리면서 자칫 비이성적인 판단을 하기 쉽습니다. 하지만, 이런 때일수록 긍정적으로 생각하고 마음의 여유를 가져야 합니다. '나만 힘든 건 아닐 거야', '이 또한 지나갈거야'라는 생각으로 멘탈을 꽉 잡아야 합니다. 나의 실력과 현실을 냉철하게 받아들이고 적절히 타협하는 용기와 지혜가 필요합니다.

앞으로 입시의 경향은 내신이나 수능 어느 하나에 올인하기 힘듭니다. 정시 선발 인원이 늘고 수시 수능 최저가 확대되면서 수능은 이제 선택이 아닌 필수가 되었습니다. 정시에서도 획기적인 변화가 일고 있습니다. 수능 100%였던 정시의 수능 위주 전형에서 내신을 반영하기 시작한 것입니다. 대학은 내신이 우수한 학생을 선호하고 수능 변별력을 보완해 줄 자료가 필요하기 때문에 앞으로 정시에서 내신을 반영하는 대학은 점차 늘어날 것입니다. 이제 대입에서 '내신은 필수, 수능은 선택'은 옛말이 되었고, '정시는 수능 100%' 또한 머지않아 옛말이 될 것입니다.

'내신도 필수, 수능도 필수'인 시대가 오고 있습니다.

내신 공부가 수능 공부다

내신 영어와 수능 영어, 따로 공부해야 하나요?

아닙니다. 대부분의 학교에서 내신 시험 문제도 수능 유형으로 출제되기 때문에 내신 영어도 수능 유형에 맞추어 공부하면 두 마리 토끼를 다 잡을 수 있습니다. 다만, 내신 영어는 내신 등급의 변별력을 위해 까다로운 문법 문제가 좀 더 많이 출제되고 어려운 서술형이나 논술형 문항이 출제될 수 있다는 점이 다릅니다.

수능 영어에서 듣기를 뺀 문항이 내신 영어에도 그대로 출제된다고 보면 되기 때문에 수능 영어를 공부하는 것이 곧 내신 영어를 공부하는 것이고 내신 영어를 공부하는 것이 곧 수능 영어에 대비하는 것입니다. 특히, 고3이 되면 수업 시간에도 수능 연계 교재를 다루는 경우가 많기 때문에 내신 영어와 수능 영어는 별개의 것이 아닙니다. 내신 영어 공부로 내신과 수능 둘 다 잡을 수 있는 1석 2조의 효과를 얻을 수 있습니다.

시기별로 선택하고 집중하라

 구체적인 공부 계획을 세울 때에는 기간별로 학기 중과 방학 기간으로 나누어 학기 중에는 내신 위주로 방학 기간에는 수능 위주로 계획을 세우고 공부하는 것이 효과적입니다. 내신 성적은 한번 결정되면 바꿀 수가 없기 때문에 내신과 수능이 겹칠 때에는 내신을 우선해야 합니다. 학기 중에는 최대한 학교 수업 위주로 예습과 복습을 합니다. 그날 배운 수업 내용은 그날 이해하고 확인하여 입력 학습과 출력 학습이 제대로 될 수 있도록 합니다. 평소에는 내신과 수능을 연계해서 공부하고 최소한 학교 시험 4주 전부터는 내신에 집중해서 공부해야 합니다.
 기말고사가 끝난 후부터 다음 학기 내신 대비하기 전까지 최소 2개월 정도의 시간이 있으므로, 이 기간에는 수능 대비에 집중해야 합니다. 고3 학생들의 경우, 1학기 기말고사가 끝나면 내신 관리가 끝났다는 안도감과 동시에 수시 전형에 대비해야 하는 압박감으로 수능 공부에 집중하기가 어렵습니다. 따라서, 고등학교 입학 전 중3 겨울방학부터 고3 올라가기 전 겨울방학까지 총 5회의 방학을 얼마나 알차고 치열하게 보내는지에 따라 수시 전형에서 수능 최저기준을 충족하는지, 정시 수능 위주 전형에 응시할 수 있는지가 결정된다는 사실, 꼭 명심하세요!

학기 중에는 내신을 우선하라

1. 내신 대비 단어 공부: 예습
 학기 중에 내신 영어 완전 정복을 위해서 어떻게 공부하면 좋을까요?
 예습을 할 때 수업 시간에 배울 지문의 단어나 숙어를 미리 외워둡니다. 어휘를

다 외운 후에는 내용 이해를 위주로 글을 읽으면서 글의 내용과 주제를 정리해 봅니다. 또한, 글을 읽으면서 해석이나 구문 분석이 잘되지 않는 부분이 있으면 체크해 둡니다.

2. 내신 대비 내용 공부: 수업

수업 시간에는 선생님 설명을 들으면서 예습 때 이해되지 않았던 부분을 확실하게 이해해야 합니다. 만약, 설명을 듣는 것만으로 이해가 되지 않으면 선생님께 질문을 해서 확실히 이해하고 넘어가야 합니다. 또한, 예습할 때 자신이 파악했던 글의 내용과 주제가 맞는지 확인하고, 맞다면 글의 내용과 주제를 머릿속에 각인시키며 암기합니다. 수업 전에 글의 내용을 미리 예습했기 때문에 수업 시간에 복습이 되므로 쉽게 이해하고 암기할 수 있습니다.

3. 내신 대비 문법 공부: 수업 & 복습

수능과는 달리 내신 영어의 아킬레스건은 문법이 될 수 있습니다. 문법은 혼자 공부하기 어렵기 때문에 예습 보다는 <u>수업 시간에 최대한 집중해서 선생님의 설명을 들으면서 문법 원리를 이해</u>해야 합니다. 수업을 들을 때는 이해 위주의 입력 학습을 하고 복습을 할 때는 출력 학습을 해야 합니다.

수업 시간에 들었던 문법 원리를 자신에게 설명하면서 자신이 제대로 이해했는지 확인합니다. 정확하게 문법 설명을 할 수 없다면 제대로 이해한 것이 아닙니다. 따라서, 이해가 안 된 부분은 문법서나 인강을 참고해서 입력 학습을 보강한 후 확실하게 이해하고 넘어가야 합니다. 문법 원리를 확실히 이해했다면 출력 학습을 통해 암기가 필요한 부분을 암기합니다. 머릿속으로 이해만 하는 입력 학습은 반쪽짜리 공부에 불과하고 공부의 완성은 출력 학습으로 이루어진다고 하였습니다.

<u>가장 강력한 출력 학습 전략이 바로 '암기'</u>입니다. 제대로 암기한 지식만이 장기기억으로 전환되고 나의 지식이 됩니다. 요즘 암기라는 학습 방법에 대해 구시대적인 유물로 생각하거나 마치 교육적으로 바람직하지 않은 것처럼 생각하는 사람들이 있습니다. 매우 잘못된 생각입니다. 단언컨대, 모든 학습 전략들의 밑바탕이 되는 것이 암기이고, 태초부터 지금까지 인간의 가장 효율적인 학습 방법 중 하나

가 바로 암기입니다. '암기'라는 단어가 촌스럽게 느껴지나요? 그럼, 이제부터 '출력 학습'한다고 말해보세요!

4. 내신 문법도 수능 빈출 어법 먼저 하라

문법 중에서도 수능에 자주 출제되는 어법이 우선 정복 대상입니다. 내신 영어와 수능 영어에 모두 출제될 가능성이 높기 때문입니다. 수능 어법에 자주 출제되는 문법으로는 동사의 시제, 수일치, 태, 병렬 구조, 분사구문, 부정사, 관계대명사, 관계부사, 접속사 that과 관계대명사 that의 쓰임, 형용사와 부사의 쓰임, 대명사의 수일치 등이 있습니다. 지문을 읽으면서 이러한 어법 사항이 보이면 체크한 후 구문 분석을 통해 문장의 구조를 확실하게 파악해야 합니다.

5. 학기 중 내신 대비 순서: 예습 → 수업 → 복습 → 시험 대비

정리해 보면, 학기 중에는 수업 내용을 위주로 예습과 복습을 합니다. 예습 시간에는 단어를 미리 외운 후 글을 읽으며 글의 내용과 주제를 파악합니다. 수업 시간에는 글의 내용과 주제를 다시 한번 상기시키며 외울 것은 외우고, 문법 설명을 듣고 이해합니다. 복습 시간에는 수업 시간에 배운 문법 내용을 자신에게 설명하면서 제대로 이해했는지 확인하고 이해가 안 된 부분은 문법서나 인강을 참고합니다. 문법 원리를 이해한 후에는 암기해야 할 부분은 암기합니다.

이런 방식으로 평소에 예습, 수업, 복습이 유기적으로 연계되도록 공부한다면 단어, 내용, 문법을 충분히 자기 것으로 소화할 수 있기 때문에 시험 대비 기간에 따로 많은 시간과 노력을 들일 필요가 없습니다. 시험 공부를 반 이상 해 놓은 것이나 마찬가지이고, 그야말로 가성비 높은 내신 영어 공부법의 밑바탕이 됩니다.

이렇게 평소 입력 학습을 통해 수업 내용에 대한 이해가 충분히 된 상태라면 학교 시험 3, 4주 전부터는 앞서 설명한 내신 영어 공부법을 잘 활용하여 출력 학습을 통해 이해한 내용을 정리하고 암기하여 체화시키는 작업을 해야 합니다. 이미 예습, 수업, 복습을 통해 글의 내용과 구문 분석 및 문법 사항을 이해한 상태이기 때문에 체계적인 학습 계획을 세워 공부한다면 내용과 구문 분석 암기에서부터 어법, 서술형·논술형 문항 대비까지 많은 시간을 들이지 않고도 완벽하게 대비할 수 있습니다.

기말고사 후에는 수능에 대비하라

기말고사가 끝난 후부터는 새 학기가 시작되기 전까지 오로지 수능 영어에 집중해야 합니다. 이 시기는 주로 방학 기간이므로 100% 자기주도 학습에 의존해야 합니다. 이 시기를 어떻게 보내는지에 따라서 실력을 한 단계 끌어올리는 도약의 시간으로 보낼 수도 있고 허송세월만 하다가 후회의 시간으로 보낼 수도 있습니다.

자신의 성향을 파악하여 100% 자기주도 학습에 자신이 없다면 학원이나 과외와 같은 사교육의 도움을 받는 것이 좋습니다. 시간 관리부터 학습 계획과 실천 능력을 갖춘 학생이라면 학원 오가는 시간도 아껴서 자기주도 학습 시간으로 활용하는 것이 좋습니다. 교과서나 문제집과 같은 텍스트를 기반으로 출력 학습 위주로 하고, 혼자 힘으로 이해가 안 되는 부분에 한해서만 인강을 활용하는 것이 좋습니다. 하루 종일 인강만 듣는 것은 반쪽짜리 공부에 불과하다는 것을 명심하세요!

1. 수능 교재는 수준에 맞는 최근 기출 문제집으로 하라

문제집으로 공부하기로 했다면, 자신의 수준에 맞고 꾸준히 공부하기에 적합한 구성과 편집을 가진 문제집을 잘 골라야 합니다. 너무 쉽거나 너무 어려우면 안 되고 자신의 수준보다 약간 어렵지만 감당할 수 있는 정도가 적당합니다. 지문 하나에 모르는 단어가 15개 이상 나온다면 너무 어려운 수준이라고 볼 수 있습니다. 자신의 수준에 맞는 기출 문제집을 골라서 최근 문제부터 과거 문제까지 유형별로 최대한 많은 문제를 풀어 보아야 합니다.

2. 수능 단어 공부법

영어 교재에는 단어, 듣기, 독해, 문법 교재가 있습니다. 단어는 영어 공부에 있어서 기본 중의 기본이므로 내신뿐만 아니라 수능 영단어도 매일 꾸준히 외워야 합니다. 또한, 독해 문제를 풀고 난 후에도 정답만 확인하지 말고 지문에서 모르는 단어들을 따로 단어장에 정리해서 반드시 자기 것으로 만들어야 합니다.

'The more, the better'(多多益善), 바로 단어 공부를 가리키는 말입니다.

3. 수능 듣기 공부법

듣기는 수능 영어에서 가장 쉽고 배점이 가장 높은 유형입니다. 따라서, 영어 등급을 올리고 싶은 학생들은 우선 듣기 평가에서 만점을 받는 전략을 세워야 합니다. 듣기 평가도 정답 확인 후 모르는 단어는 듣기 단어장에 따로 정리해서 단어의 발음과 함께 외웁니다. 듣기 평가에 나오는 단어는 철자를 알아도 발음을 모르면 들리지 않기 때문에 단어를 외울 때에는 꼭 소리 내어 읽으면서 발음도 함께 외워야 합니다.

4. 수능 독해 공부법

독해는 유형별로 문제를 많이 풀어 보고 문항의 특성을 파악하여 효과적인 문제 풀이 요령을 익히는 것이 도움이 됩니다. 평소 모의고사를 통해 자신이 취약한 유형이 무엇인지 파악하고 원인을 분석한 후 유형별 문제 풀이를 통해 자신의 문제점을 차근차근 고쳐 나가는 과정을 거쳐야 합니다. 수능 독해는 시간 싸움이기 때문에 실전 문제 풀이 연습을 하면서 문제를 풀 때 번호순으로 풀기보다는 쉬운 문제부터 어려운 문제 순서로 푸는 것이 시간 관리 차원에서나 멘탈 관리 차원에서 유리합니다.

5. 수능 어법 공부법

문법은 수능 빈출 어법 위주로 문제를 풀면서 막히는 부분은 기본 문법서와 인강을 참고합니다. 문제집에 있는 해설만으로 문법 원리를 이해하기 힘들 때가 있습니다. 그럴 때에는 우선 기본 문법서를 참고하여 문법 원리를 이해하기 위해 스스로 문제 해결을 시도해 보는 것이 좋습니다. 문법서는 이해하기 쉬운 문법서를 고르고, 충분히 숙지할 때까지 같은 책을 여러 번 반복해서 보는 것이 좋습니다. 만약 아무리 문법서를 읽어보아도 이해되지 않는다면 관련 부분의 인강을 듣습니다.

영어(절대평가)는 나 자신과의 경쟁이다!

내신 영어와 수능 영어, 학기 중일 때와 방학 기간일 때, 각각 어떤 전략으로 접근해야 하는지 이해가 되셨나요?

교재를 고를 때에도 학년별로 전략이 다릅니다. 고1, 고2 학생들은 기출 문제 풀이를 통해서 수능 유형에 익숙해지는 연습을 하는 것이 중요하고, 고3 학생들은 EBS 수능 연계 교재를 통해 실전 대비를 하는 것이 중요합니다. 수업 시간에 모든 EBS 수능 연계 교재를 다룰 수 없기 때문에 고3 학생이라면 수업 시간에 배우지 않은 부분도 반드시 풀어 보아야 합니다.

영어는 절대평가이기 때문에 한두 문제 차이로 등급이 올라갈 수도 있고, 내려갈 수도 있습니다. 현재 2등급인 학생은 언제든지 1등급이 될 수도 있고, 3등급이 될 수도 있습니다. 긍정적으로 생각하면, 점수가 경계에 있는 학생들에게는 다른 영역에 비해서 상대적으로 적은 노력으로도 쉽게 등급을 올릴 수 있는 기회의 영역이 바로 수능 영어 영역입니다.

또한, 영어는 절대평가이기 때문에 다른 사람들과의 경쟁이 아니라 나 자신과의 경쟁입니다. 다른 사람들이 얼마나 공부하고 몇 점을 받는지는 나의 등급과는 전혀 상관이 없습니다. 오로지 내가 얼마나 공부해서 몇 점을 받는지가 나의 등급을 결정합니다. 쉽게 말하면, 다른 사람에 대해 신경 쓸 필요 없이 나만 잘하면 되는 것입니다.

그런 의미에서 영어 공부는 나 자신과의 싸움입니다. 자기주도 학습이라는 '극기(克己)'의 과정을 통해 얼마나 나를 채찍질하고 나 자신을 극복하는지에 따라 나의 영어 등급이 결정된다는 사실, 잊지 마세요!

수능 영어 영역
유형 분석 및 실전 전략

1. 수능 영어 영역 난이도별 유형 분석

| 수능 영어 영역 난이도별 유형 한눈에 보기 (2022 수능) |

(70분, 총 45문항 100점)

단계	난이도	문항 번호	유형	구분	유형별 문항수	유형별 배점	난이도별 문항수	난이도별 배점	누적 점수	점수별 등급
1단계	최하	1, 3, 7	맥락 파악	듣기	3	6	17	37	37	7등급
		2, 5	중심 내용 파악	듣기	2	4				
		4, 6, 8, 9, 10	세부 내용 파악	듣기	5	11				
		11, 12, 13, 14, 15	간접 말하기	듣기	5	12				
		16, 17	1담화 2문항	듣기	2	4				
2단계	최하	27, 28	안내문 내용 일치	독해	2	4	4	8	45	6등급
		26	글의 내용 일치	독해	1	2				
		25	도표 내용 일치	독해	1	2				
3단계	최하	18	글의 목적	독해	1	2	4	8	53	5등급
		19	심경·분위기	독해	1	2				
		20, 22	글의 주장·요지	독해	2	4				

단계	난이도	문항 번호	유형	구분	유형별 문항수	유형별 배점	난이도별 문항수	난이도별 배점	누적 점수	점수별 등급
4단계	하	21	함축적 의미	독해	1	3	5	13	66	4등급
		23, 24	글의 주제·제목	독해	2	5				
		29	어법 정확성	독해	1	3				
		30	어휘 적절성	독해	1	2				
5단계	중	41, 42	장문 독해(1)	독해	2	4	5	10	76	3등급
		43, 44, 45	장문 독해(2)	독해	3	6				
6단계	상	35	흐름에 무관한 문장	독해	1	2	3	7	83	2등급
		36, 37	글의 순서	독해	2	5				
7단계	상	38, 39	문장 위치	독해	2	5	3	7	90	1등급
		40	문단 요약	독해	1	2				
8단계	최상	31, 32, 33, 34	빈칸 추론	독해	4	10	4	10	100	1등급 만점
	계	※독해 문항 푸는 순서 (최하→최상)			45	100	45	100		

| 수능 영어 영역 난이도별 유형 한눈에 찾기 (2022 수능) |

2. (듣기) 맥락 파악 (최하) - 목적 파악

| (듣기) 맥락 파악 (2022 수능) |

❶ 다음을 듣고, 여자가 하는 말의 목적으로 가장 적절한 것을 고르시오. (목적 파악)

❸ 대화를 듣고, 두 사람의 관계를 가장 잘 나타낸 것을 고르시오.

❼ 대화를 듣고, 남자가 탁구 연습을 할 수 없는 이유를 고르시오.

맥락 파악 유형은 대화나 담화를 듣고 화자의 의도나 목적 등을 파악하는 능력을 평가합니다. 맥락을 파악하기 위해서는 평소 다양한 소재의 대화나 담화를 들으면서 전체적인 내용을 파악하고 화자가 전달하고자 하는 메시지, 의도, 목적 등을 추론하는 연습이 필요합니다. 메시지나 목적이 처음부터 명시적으로 드러나지 않기 때문에 대화나 담화의 상황이나 장소, 대화자의 관계를 유추해서 파악합니다.

목적 파악 문항은 화자가 반복하여 강조하는 내용에 주목하여 전체적인 맥락과 요지, 즉 목적을 파악합니다. 특히, 담화의 마지막 부분에 화자의 의도가 직·간접적으로 표현되어 정답에 대한 중요한 단서가 되므로 유념해서 들어야 합니다. 담화의 종류로는 안내, 광고, 연설, 강의 등이 있습니다. 기출 문제 풀이를 통해 담화의 패턴을 익힘으로써 담화의 주제와 내용 전개 구조를 파악하는 연습을 하는 것이 도움이 됩니다.

대화를 듣고 대화자 간의 관계를 파악하는 문항을 해결하기 위해서는 대화의 전반적인 상황을 이해하면서 세부 정보를 통해 대화자 간의 관계를 추론해야 합니다. 특히, 직업을 추론할 수 있는 세부 정보가 대화에서 반복적으로 제시되기 때문에 직업을 파악하여 관계를 추론합니다. 평소 같은 유형의 다양한 기출 문제들을 풀어보면서 직업이나 관계와 관련된 어휘나 영어 표현들을 익혀두는 것이 중요합니다.

| (듣기) 목적 파악 특징 |

❶ 선택지가 우리말이고, 듣기에서 쉬운 유형이다.

❷ 담화를 듣고 말하는 이의 의도나 목적을 파악한다.

❸ 담화 내용을 근거로 화자와의 관계와 상황을 추론한다.

❹ 화자가 반복하여 강조하는 핵심 내용을 토대로 전체 맥락, 요지, 목적을 파악한다.

| 예제 2022학년도 수능 영어 영역 1번 (듣기) - 목적 파악 |

01 다음을 듣고, 여자가 하는 말의 목적으로 가장 적절한 것을 고르시오.

> W: Hello, dog lovers. Does your dog chew up your shoes or bark for no reason at times? Is it hard to control your dog during walks? You no longer have to worry. We'll help you solve these problems. At the Chester Dog Training Center, we have five professional certified trainers who will improve your dog's behavior. We also teach you how to understand your dog and what to do when it misbehaves. Leave it to the Chester Dog Training Center. We'll train your dog to become a well-behaved pet. Call us at 234-555-3647 or visit our website at www.chesterdogs.com.

① 조련사 자격증 취득 방법을 설명하려고

② 동물 병원 확장 이전을 공지하려고

③ 새로 출시된 개 사료를 소개하려고

④ 반려동물 입양 절차를 안내하려고

⑤ 개 훈련 센터를 홍보하려고

평가 유형 (듣기) 목적 파악

말의 종류 담화(홍보, 광고)

말의 구조 중괄식, 미괄식

말의 소재 개 훈련

소재 단서 dog lovers

말의 주제 개 훈련 센터에서 행동에 문제가 있는 개를 얌전한 반려 동물로 훈련시키겠다.

주제 단서 We'll help you solve these problems. / We'll train your dog to become a well-behaved pet.

단어·숙어

chew up	씹다	bark	짖다
walk	산책	professional	전문적인
certified	자격증을 갖춘	misbehave	잘못된 행동을 하다
leave	맡기다	well-behaved	얌전한

우리말 의미

여: 애견인 여러분, 안녕하세요. 여러분의 개가 신발을 씹거나 때때로 이유 없이 짖나요? 산책하는 동안 여러분의 개를 통제하는 것이 힘드나요? 더 이상 걱정할 필요가 없습니다. 저희가 여러분이 이 문제를 해결하도록 도와드리겠습니다. Chester Dog Training Center에는 개의 행동을 개선시켜 줄 전문 자격증을 갖춘 다섯 명의 조련사가 있습니다. 저희는 또한 여러분에게 개를 이해하는 법과 그것이 잘못된 행동을 할 때 어떻게 해야 하는지 가르쳐 드립니다. Chester Dog Training Center에 그 일을 맡겨 주세요. 저희는 여러분의 개가 얌전한 반려 동물이 되도록 훈련시킬 것

입니다. 234-555-3647로 전화하시거나 저희 웹사이트 www.chesterdogs.com를 방문해 주세요.

유형별 정답 분석

목적 파악 유형은 담화의 주제인 목적을 파악하기 위해 반복되는 표현에 유의하고, 맥락 파악을 위해 처음에 청취자들을 부르는 호칭(dog lovers)에 유의하여 관계와 상황을 파악한다. 여자가 개의 행동을 개선해 줄 전문 조련사가 있는 개 훈련 센터에 문제가 있는 개를 맡겨 달라고 홍보하는 상황이다. We'll help you solve these problems.(저희가 여러분이 이 문제를 해결하도록 도와드리겠습니다.)라고 하면서 화자의 목적을 처음 제시하고 있다. 목적 파악 유형은 담화의 마지막에 주로 화자의 목적이나 의도가 나오는데, 마지막 부분에 We'll train your dog to become a well-behaved pet.(저희는 여러분의 개가 얌전한 반려 동물이 되도록 훈련시킬 것입니다.)가 화자의 구체적인 목적에 해당하므로, 여자가 하는 말의 목적으로 가장 적절한 것은 ⑤ 개 훈련 센터를 홍보하려고이다.

정답 ⑤

TIP_ (듣기) 목적 파악 유형 실전 전략

01 담화를 시작할 때 화자가 청취자를 부르는 호칭이 나오므로, 그것을 단서로 화자와 청취자의 관계를 유추한다. (➡ Hello, dog lovers.)

02 화자의 직업이나 장소 또는 상황을 근거로 화자와의 관계를 파악한다.

03 반복하여 강조하는 핵심 내용을 토대로 전체 맥락, 요지, 목적을 파악한다.

04 담화의 마지막 부분에 정답의 단서가 될 수 있는 화자의 목적이나 의도가 나온다.

(➡ We'll train your dog to become a well-behaved pet.)

3. (듣기) 중심 내용 파악 (최하) – 의견 파악

| (듣기) 중심 내용 파악 (2022 수능) |

❷ 대화를 듣고, 남자의 의견으로 가장 적절한 것을 고르시오. (의견 파악)

❺ 대화를 듣고, 남자가 할 일로 가장 적절한 것을 고르시오.

중심 내용 파악 유형은 일상생활뿐만 아니라 인문, 사회, 과학, 예술과 같은 다양한 분야의 대화나 담화를 듣고 전체적인 맥락과 주제를 파악하는 능력을 평가합니다. 독해의 주제, 요지, 주장 파악 유형의 듣기 버전이라 할 수 있습니다. 주제 파악은 세부 정보의 확인을 넘어 세부 정보들을 토대로 논리적으로 추론하는 과정을 요합니다. 따라서, 직접적으로 제시되지 않은 사항도 논리적으로 추론해 보는 연습이 필요합니다.

의견 파악 문항에서는 대화나 담화에 드러난 문제 상황을 먼저 파악하고, 화자가 자신의 의견을 나타내는 표현에 주목하여 말하고자 하는 메시지가 무엇인지 파악합니다. 화자의 의견이나 주장을 나타내는 표현이 반복적으로 제시되면 정답의 단서가 되므로 유념합니다. 대화자 간 의견이 다른 경우에는 각각의 의견에 변화가 있는지 끝까지 집중해서 듣습니다.

듣기 학습도 단어 학습과 마찬가지로 반복 학습, 연상 학습, 출력 학습이 중요합니다. 반복해서 듣고, 대화나 담화의 맥락 속에서 단어와 숙어들을 익히고, 소리 내어 말해보고 받아쓰기 하면서 눈, 귀, 입, 손, 뇌를 동시에 사용하면서 학습하는 것이 효과적입니다. 여러 번 들어도 잘 들리지 않는 경우에는 받아쓰기가 도움이 됩니다. 받아쓰기 연습을 할 때에는 우선 잘 들리는 핵심어 중심으로 받아쓰고, 다음에는 잘 들리지 않는 부분까지 모두 받아 써 봅니다. 받아쓰기가 끝난 후에는 반드시 소리 내어 따라 읽으면서 발음을 익히는 것이 매우 중요합니다. 듣기 학습의 마무리는 말하기라는 걸 꼭 기억하세요!

| (듣기) 의견 파악 특징 |

❶ 선택지가 우리말이고, 듣기에서 쉬운 유형이다.

❷ 대화자의 주장, 의견 등을 추론하는 문항이다.

❸ 문제 상황을 파악하고 전체적인 맥락을 토대로 핵심 내용을 파악한다.

❹ 화자의 반복적인 주장이나 메시지에 주목한다.

| 예제 2022학년도 수능 영어 영역 2번 (듣기) - 의견 파악 |

02 대화를 듣고, 남자의 의견으로 가장 적절한 것을 고르시오.

M: Monica. Have you made plans for your trip to Busan?

W: Yes, Dad. I'm going to the beach and visiting an aquarium in the morning. Then I'll eat lunch at a fish market and go hiking.

M: Hold on! That sounds quite demanding.

W: You know, it's my first trip after starting college.

M: I understand, but I think you shouldn't plan too many things to do for a trip.

W: Well, I only have one day, and I want to experience as much as possible.

M: You'll be worn out if you stick to your plan. Also, consider the time it takes to move to each place.

W: I guess you're right. And there could be a long waiting line at some places.

M: Right. That's why you shouldn't fill your trip plan with too many things.

W: Okay. I'll revise my plan.

① 여행 전에 합리적으로 예산을 계획해야 한다.
② 여행 가서 할 것을 너무 많이 계획하면 안 된다.
③ 인생에서 자신의 원칙을 고수하는 것이 중요하다.
④ 여행은 사고의 폭을 확장시켜 사람을 성장하게 한다.
⑤ 보호자 없이 학생끼리 여행하는 것은 안전하지 않다.

유형별 실전 풀이

평가 유형	(듣기) 의견 파악
말의 종류	대화
말의 구조	중괄식, 미괄식

말의 소재	부산 여행 계획
소재 단서	plans for your trip to Busan

말의 주제	여행 계획을 너무 많은 것으로 채우지 말아야 한다.
주제 단서	I think you shouldn't plan too many things to do for a trip. / That's why you shouldn't fill your trip plan with too many things.

단어·숙어

trip to~	~여행	aquarium	수족관
fish market	어시장	hold on	(잠깐) 기다리다
demanding	벅찬, 지나친	worn out	매우 지친
stick to	~을 고수하다	consider	고려하다
waiting line	기다리는 줄	revise	수정하다
fill A with B	A를 B로 채우다	go ~ ing	~하러 가다
make plans for~	~에 관한 계획을 세우다		

as ~ as possible   가능한 ~하게

우리말 의미

남: Monica. 너 부산 여행 계획 세웠니?

여: 네, 아빠. 오전에는 해변에 가고 수족관 방문을 할 거예요. 그리고나서 어시장에서 점심 먹고 하이킹을 갈 거예요.

남: 잠깐만, 그거 너무 벅차게 들리는데.

여: 아시잖아요. 대학 시작 후 저의 첫 여행이에요.

남: 이해는 하지만, 여행에서 너무 많은 것을 하려고 계획해선 안 된다고 생각해.

여: 음, 제게는 겨우 하루뿐이고, 가능한 많은 걸 경험하고 싶어요.

남: 네 계획을 고수한다면 매우 지칠 거야. 게다가 각 장소로 이동하는데 드는 시간도 고려해 봐.

여: 아빠 말씀이 옳으신 것 같아요. 그리고 일부 장소는 기다리는 줄이 길 수 있어요.

남: 맞아. 그게 바로 네가 여행 계획을 너무 많은 것으로 채우면 안 되는 이유야.

여: 알겠어요. 계획을 수정할게요.

유형별 정답 분석

의견 파악 유형은 담화의 주제인 화자의 의견을 파악하기 위해 반복되는 표현에 유의하고, 맥락 파악을 위해 대화자 간 호칭(Dad)에 유의하여 관계와 상황을 파악한다. 의견 파악 유형은 대화의 마지막에 주로 화자의 의견이 나오므로 유의한다.

남자는 여자의 부산 여행 계획을 듣고 너무 벅차게 들린다고 하면서 여행 계획을 너무 많은 것으로 채우지 말아야 한다고 거듭 강조하고 있다. 대화의 중간에 I think you shouldn't plan too many things to do for a trip.(여행에서 너무 많은 것을 하려고 계획해선 안 된다고 생각해.), 대화의 마지막에 That's why you shouldn't fill your trip plan with too many things.(그게 바로 네가 여행 계획을 너무 많은 것으로 채우면 안 되는 이유야.)라고 하면서 자신의 의견을 거듭 주장하고 있으므로, 남자의 의견으로 가장 적절한 것은 ② 여행 가서 할 것을 너무 많이 계획하면 안 된다. 이다.

정답 ②

TIP_ (듣기) 의견 파악 유형 실전 전략

01 대화의 문제 상황을 우선 파악하고 대화자간의 관계나 상황을 토대로 전체적인 맥락을 파악한다.

02 화자의 의견이 대화나 담화의 마지막 부분에 반복적으로 제시되고 정답의 단서가 되므로 마지막 부분을 집중해서 듣는다.

（➡ That's why <u>you shouldn't</u> fill your trip plan with too many things.）

03 화자의 표현 중에 "I think(believe) ~, I don't think(believe) ~, You should(n't) ~" 와 같은 표현들은 화자의 의견을 나타내는 표현이므로 집중해서 듣는다.

（➡ <u>I think</u> <u>you shouldn't</u> plan too many things to do for a trip. / That's why <u>you shouldn't</u> fill your trip plan with too many things.）

04 대화자 간 의견이 다른 경우 대화가 전개되면서 각각의 의견에 변화가 생기는지 대화를 끝까지 들으며 파악한다.

4. (듣기) 세부 내용 파악 (최하) - 내용 일치

| (듣기) 세부 내용 파악 (2022 수능) |

❹ 대화를 듣고, 그림에서 대화의 내용과 일치하지 <u>않는</u> 것을 고르시오. (내용 일치)

❽ 대화를 듣고, Little Readers' Class에 관해 언급되지 <u>않은</u> 것을 고르시오.

❾ 2021 Family Science Festival에 관한 다음 내용을 듣고, 일치하지 <u>않는</u> 것을 고르시오. (내용 일치)

❿ 다음 표를 보면서 대화를 듣고, 두 사람이 예약할 스터디룸을 고르시오.

세부 내용 파악 유형은 대화나 담화를 이해하고 세부 정보를 파악하는 능력을 평가합니다. 전체적인 맥락을 이해하는 동시에 세부 정보를 찾는 연습을 합니다. 그림과 대화 내용 일치 여부 판단하기, 화자가 한 일(부탁한 일) 파악하기, 숫자 정보 파악하기, 언급 여부 파악하기, 세부 정보 일치·불일치 파악하기 등 다양한 질문 형태로 출제됩니다. 세부 내용 파악 유형을 해결하기 위해서는 일상적이고 다양한 주제에 대한 대화나 담화를 평소 꾸준히 듣는 연습이 필요합니다. 영어도 언어이기 때문에 자주 노출되는 것만큼 좋은 것은 없습니다.

내용 일치 문항은 독해 내용 일치 문항의 듣기 버전으로 볼 수 있으며 비슷한 특징을 갖고 있습니다. 우선, 선택지가 우리말로 되어 있어 듣기 평가에서 가장 쉬운 문항입니다. 독해 내용 일치 문항이 지문의 전개 순서와 선택지의 순서가 같은 것처럼 듣기 내용 일치 문항도 대화나 담화의 전개 내용과 선택지의 순서가 같습니다. 따라서, 대화나 담화를 들으면서 선택지 순서대로 내용 일치 여부를 확인한다면 정답을 쉽게 찾을 수 있습니다.

세부 내용 파악 유형은 6문항 13점으로 듣기 총 17문항 37점에서 1/3 이상의 문항수와 배점을 차지하고 있습니다. 듣기에서 가장 비중이 높고 쉽기 때문에 최우선으로 정복할 수 있는 유형입니다. 만약 듣기에 어려움을 느끼는 학생이라면 기출 문제 풀이를 할 때 세부 내용 파악 유형으로 시작하는 것이 도움이 될 것입니다. 쉽게 해결할 수 있기 때문에 듣기에 대한 거부감이 사라지고 자신감도 생기므로 듣기 점수가 점점 향상될 것입니다.

| (듣기) 내용 일치 특징 |

❶ 선택지가 우리말이고, 듣기에서 가장 쉬운 유형이다.

❷ 대화나 담화를 듣고 세부 내용을 파악한다.

❸ 담화를 들으면서 선택지 번호순으로 내용 일치 여부를 확인한다.

| 예제 2022학년도 수능 영어 영역 9번 (듣기) - 내용 일치 |

09 2021 Family Science Festival에 관한 다음 내용을 듣고, 일치하지 <u>않는</u> 것을 고르시오.

M: Hello, WBPR listeners. Are you looking for a chance to enjoy quality family time? Then, we invite you to the 2021 Family Science Festival. It starts on December 7th and runs for one week at the Bermont Science Museum located near City Hall. Eight programs will be offered for parents and children to enjoy together, including robot building and VR simulations. We'll also give out a children's science magazine for free. This event is open to anyone, but remember that all children under age 11 must be accompanied by an adult. There's no admission fee, but to participate, you must register in advance. Come and learn about the exciting world of science with your family. For more information, visit our website, www.wbpr.com.

① 12월 7일부터 일주일 동안 진행된다.

② 8개의 프로그램이 제공될 것이다.

③ 어린이 과학 잡지를 판매할 것이다.

④ 11세 미만의 어린이들은 성인을 동반해야 한다.

⑤ 참가를 위해 미리 등록해야 한다.

유형별 실전 풀이

평가 유형　(듣기) 내용 일치

말의 종류　담화(홍보, 광고)

말의 구조　양괄식

말의 소재　2021 가족 과학 축제

소재 단서　2021 Family Science Festival

말의 주제　가족과 뜻 깊은 시간을 보낼 수 있는 2021 가족 과학 축제에 참가하세요.

주제 단서　we invite you to the 2021 Family Science Festival. / Come and learn
about the exciting world of science with your family.

단어·숙어

quality　뜻깊은, 우수한

including　~을 포함하여

register　등록하다

VR simulation　가상 현실 시뮬레이션

give out　(많은 사람들에게) ~을 나눠주다

be accompanied by~　~를 동반하다, ~와 함께 오다

located　위치한

admission fee　참가비, 입장료

in advance　미리

우리말 의미

남: WBPR 청취자 여러분, 안녕하세요. 뜻깊은 가족과의 시간을 즐길 기회를 찾고 계시나요? 그럼 2021 Family Science Festival에 여러분을 초대합니다. 행사는 12월 7일에 시작해서 시청 근처에 위치한 Bermont Science Museum에서 일주일 동안 진행됩니다. 로봇 만들기와 가상 현실 시뮬레이션을 포함하여 부모님과 아이들이 함께 즐길 수 있는 여덟 가지 프로그램이 제공될 것입니다. 어린이 과학 잡지도 무료로 나눠드립니다. 이 행사는 누구나 참여할 수 있지만, 11세 미만의 모든 어린이는 성인을 동반해야 한다는 것을 기억하세요. 참가비는 없지만, 참가하기 위해서는 미리 등록하셔야 합니다. 오셔서 가족과 함께 신나는 과학의 세계에 대해 배워 보세요. 더 많은 정보를 원하시면 저희 웹사이트 www.wbpr.com를 방문하세요.

유형별 정답 분석

내용 일치 유형은 선택지 순서대로 담화 내용이 전개되므로 담화를 들으면서 선택지 순서대로 내용 일치 여부를 확인한다. ①, ②, ④, ⑤번은 일치하는 내용이고, 대화 중간에 We'll also give out a children's science magazine for free.(어린이 과학 잡지도 무료로 나눠드립니다.)고 했으므로, 내용과 일치하지 않는 것은 ③ 어린이 과학 잡지를 판매할 것이다.이다.

정답 ③

TIP_ (듣기) 내용 일치 유형 실전 전략

01 선택지가 우리말이어서 듣기 중 가장 쉬운 유형이다.

02 듣기가 시작되기 전에 우리말 선택지를 먼저 확인하여 선택지에 숫자나 이름 등의 고유명사가 있으면 표시해 두고 유의해서 듣는다.

03 대화나 담화의 전체적인 흐름을 이해하면서 세부 정보를 파악한다.

04 담화의 내용 전개와 선택지의 순서와 같으므로 담화를 들으면서 번호순으로 내용 일치 여부를 확인한다. (➡ We'll also give out a children's science magazine for free.)

5. (듣기) 세부 내용 파악 (최하) - 금액 계산

| (듣기) 세부 내용 파악 (2022 수능) |

❻ 대화를 듣고, 여자가 지불할 금액을 고르시오. [3점] (금액 계산)

　금액 계산 유형은 가게에서 상품을 구입할 때 실제로 지불해야 할 금액을 파악하는 능력을 평가합니다. 실생활에서 꼭 필요한 물건 구입 상황에서 의사소통능력과 계산 능력을 같이 평가하기 때문에 간단한 사칙 연산 능력이 필수입니다. 세부 내용 파악 유형 중에서 유일하게 3점 문항으로 배점이 크고, 세부 내용을 파악하면서 동시에 계산을 해야 하기 때문에 까다로운 문항입니다.

　문항의 해결 원리는 구매 목록과 개수를 파악하여 총 구매 금액을 계산한 후, 총 구매 금액에서 할인율을 적용하여 최종 지불 금액을 구하는 방식입니다. 따라서, 대화를 들으면서 구매 목록과 개수, 총금액, 할인율을 각각 메모해 놓고, 대화가 끝난 후 메모한 정보를 토대로 최종 지불 금액을 구하면 됩니다. 정확한 계산을 위해서는 숫자 하나도 놓치면 안 되기 때문에 금액 계산 문항을 풀 때에는 절대로 독해 문항과 병행하지 말고 최대한 집중해서 들어야 합니다.

| (듣기) 금액 계산 특징 |

❶ 3점 문항으로, 대화를 들으면서 동시에 계산해야 하기 때문에 어렵다.

❷ 물건을 구입하는 상황에서 실제 지불할 금액을 계산한다.

❸ 대화를 들으며 계산에 필요한 정보를 메모하고, 대화가 끝난 후 계산한다.

❹ 독해 문항과 병행해서 풀지 않는다.

06 대화를 듣고, 여자가 지불한 금액을 고르시오. [3점]

> M: Welcome to Daisy Valley Restaurant.
>
> W: Hi. I'd like to order some food to go. How much is the shrimp pasta and the chicken salad?
>
> M: The shrimp pasta is $20, and the chicken salad is $10.
>
> W: I'll take two shrimp pastas and one chicken salad, please.
>
> M: Sure. Would you like some dessert, too?
>
> W: Yes. What do you recommend?
>
> M: The mini cheese cake is one of the best sellers in our restaurant. It's $5 each.
>
> W: Great! I'll order two of them.
>
> M: Okay. Let me confirm your order. Two shrimp pastas, one chicken salad, and two mini cheese cakes. Is that correct?
>
> W: Yes. And I have a birthday coupon here. Can I use it?
>
> M: Let me see. *[Pause]* Yes. You can get a 10% discount off the total.
>
> W: Terrific. I'll use this coupon. Here's my credit card.

① $36   ② $45   ③ $50   ④ $54   ⑤ $60

유형별 실전 풀이

평가 유형   (듣기) 금액 계산

말의 종류   대화

말의 구조   양괄식

말의 소재   주문 음식 가격 계산

소재 단서   to order some food to go / How much

말의 주제   음식점에서 포장해갈 음식을 주문하고 총 금액에서 10% 할인된 금액을
          지불한다.

주제 단서   I'd like to order some food to go. How much / You can get a 10%
          discount off the total.

단어·숙어

food to go   포장해갈 음식

recommend   추천하다

birthday coupon   생일 쿠폰

shrimp   새우

confirm   확인하다

terrific   아주 좋은, 기쁜

우리말 의미

남: Daisy Valley Restaurant입니다. 어서 오세요.

여: 안녕하세요. 포장해갈 음식 좀 주문하려고요. 새우 파스타와 닭고기 샐러드는 얼
    마예요?

남: 새우 파스타는 20달러이고 닭고기 샐러드는 10달러입니다.

여: 새우 파스타 둘이랑 닭고기 샐러드 하나 주세요.

남: 알겠습니다. 디저트도 원하세요?

여: 네. 어떤 걸 추천하세요?

남: 미니 치즈 케이크는 저희 음식점에서 가장 잘 팔리는 것 중 하나예요. 하나에 5
    달러입니다.

여: 좋아요! 두 개 주문할게요.

남: 알겠습니다. 고객님 주문 확인하겠습니다. 새우 파스타 둘, 닭고기 샐러드 하나,
    그리고 미니 치즈 케이크 둘. 맞으세요?

여: 네. 그리고 여기 생일 쿠폰 있는데요. 사용할 수 있을까요?

남: 잠시만요. *[잠시 멈춤]* 네. 전체 금액에서 10퍼센트 할인 받으실 수 있습니다.

여: 너무 좋은데요. 이 쿠폰 사용할게요. 여기 신용카드 있어요.

유형별 정답 분석

금액 계산 유형은 구매 목록과 개수, 총 금액, 할인율을 메모한 후 계산해서 답을 구한다. 여자는 20달러짜리 새우 파스타 2개, 10달러짜리 닭고기 샐러드 1개, 5달러짜리 소형 치즈 케이크 2개를 주문했으므로 총 주문 금액은 60달러이다. 생일 쿠폰을 사용하여 10%(6달러) 할인을 받았으므로 60달러에서 6달러를 빼면 54달러이므로, 여자가 지불한 금액은 ④ $54이다.

정답 ④

TIP_ (듣기) 금액 계산 유형 실전 전략

01 금액 계산 문항은 3점 문항으로 배점이 크고, 독해 3점 문항에 비해 훨씬 쉽기 때문에 반드시 맞혀야 한다.

02 숫자가 많이 나오고, 방송을 들으면서 동시에 계산해야 하기 때문에 어려운 유형이다.

03 대화를 들으면서 구매 목록과 개수, 총 금액, 할인율을 메모하고, 대화가 끝난 후 메모한 정보를 토대로 최종 지불 금액을 구한다. (➡ 새우파스타 20달러 2개+닭고기 샐러드 10달러 1개+소형 치즈 케이크 5달러 2개＝60달러(총금액), 60달러에서 10%(6달러) 할인＝54달러 (지불금액))

04 대화의 내용 전개 패턴이 정해져 있으므로 패턴을 숙달한다.

05 정보를 하나라도 놓치면 계산할 수 없기 때문에 독해와 동시에 푸는 건 금물이다!

6. (듣기) 간접 말하기 (최하) – 대화 응답/담화 응답

| (듣기) 간접 말하기 (2022 수능) |

⑪ 대화를 듣고, 여자의 마지막 말에 대한 남자의 응답으로 가장 적절한 것을 고르시오. (대화 응답)

⑫ 대화를 듣고, 남자의 마지막 말에 대한 여자의 응답으로 가장 적절한 것을 고르시오. (대화 응답)

⑬ 대화를 듣고, 여자의 마지막 말에 대한 남자의 응답으로 가장 적절한 것을 고르시오. [3점] (대화 응답)

⑭ 대화를 듣고, 남자의 마지막 말에 대한 여자의 응답으로 가장 적절한 것을 고르시오. (대화 응답)

⑮ 다음 상황 설명을 듣고, Jason이 Sarah에게 할 말로 가장 적절한 것을 고르시오. [3점] (담화 응답)

간접 말하기 유형은 대화나 담화의 상황을 이해하여 가장 적절하게 응답하는 능력을 평가합니다. 대화나 담화에 대한 이해 능력이 전제되어야 하기 때문에 평소 기출 문제 풀이를 통해서 같은 유형의 문제들을 많이 다루어 보고 다양한 소재의 듣기 연습을 하는 것이 도움이 됩니다. 친숙하고 일상적인 대화나 담화뿐만 아니라 1담화 2문항에서 사용되는 기초 학술적 담화도 꾸준히 듣습니다.

간접 말하기 유형은 듣기를 통해서 말하기 능력을 간접적으로 평가합니다. 대화나 담화의 상황에서 가장 적절한 화자의 응답을 영어로 된 선택지에서 고르는 문항입니다. 대화나 담화를 들으면서 동시에 짧은 시간 내에 다섯 개의 영어 선택지를 직관적으로 이해하고 답을 골라야 하기 때문에 종합적인 사고력이 요구되므로 듣기에서 가장 어려운 유형에 속합니다. 듣기 3점 문항 3개 중 2개가 간접 말하기 유형일 정도로 배점이 높습니다.

짧은 시간 내에 직관적으로 답할 수 있는 능력을 배양하기 위해서는 평소 상황별 의사소통 표현들을 익혀 두는 것이 도움이 됩니다. 상황에 적절한 응답을 반사적으로 하기 위해서는 표현들을 보거나 듣는 데서 그치지 말고, 직접 말해보고 나아가 실제 상황에서 사용해보는 것이 좋습니다. 말하기 능력이 숙달되면 듣기를 통한 간접 말하기 능력도 향상된다는 것을 기억하세요!

| (듣기) 대화 응답 특징 |

❶ 선택지가 영어이고, 듣기에서 가장 어려운 유형이다.

❷ 대화의 흐름을 이해하여 상황에 가장 적절한 말을 추론한다.

❸ 종합적 능력을 요하는 문항으로 대화를 들으며 짧은 시간에 직관적으로 답해야 한다.

| 예제 1 2022학년도 수능 영어 영역 13번 (듣기) - 대화 응답 |

13 대화를 듣고, 여자의 마지막 말에 대한 남자의 응답으로 가장 적절한 것을 고르시오. [3점]

W: Honey, I'm home.

M: Is everything all right? You seem low on energy.

W: I am. I'm pretty burnt out.

M: It's no wonder. You've been so stressed out from work these days.

W: Yeah, I can't remember the last time that I really got to enjoy myself.

M: You need to recharge your batteries. Why don't you spend some time alone this weekend?

W: Maybe you're right. I might need my own personal time.

M: Yes. And don't worry about the kids. I'll take care of them.

W: Sounds good. Then let me think about what I can do.

M: You can go to the theater, ride your bike along the river, or do whatever makes you feel happy.

W: Well, there's an exhibition that I've been interested in.

M: _____

Man: _____

① No worries. Stress is not always as bad as you think.

② Don't forget to bring a charger whenever you go out.

③ Great. That'll be a good way to take time for yourself.

④ I think working out too much will burn all your energy.

⑤ Fantastic. Let's enjoy ourselves at the exhibition with the kids.

유형별 실전 풀이 1

평가 유형	(듣기) 대화 응답
말의 종류	대화
말의 구조	중괄식, 미괄식

말의 소재	재충전 방안
소재 단서	You need to recharge your batteries.

말의 주제	남자가 녹초가 된 여자에게 재충전을 위해 주말에 혼자만의 시간을 가지라고 제안한다.
주제 단서	Why don't you spend some time alone this weekend? / I might need my own personal time.

단어·숙어

be burnt out	녹초가 되다	recharge	재충전하다
personal	개인적인	exhibition	전시회

우리말 의미

여: 여보, 나 왔어요.

남: 아무 문제 없나요? 기운이 없어 보여요.

여: 그래요. 녹초가 됐어요.

남: 그럴 만도 해요. 요즘 일하느라 스트레스 많이 받고 있잖아요.

여: 그래요. 마지막으로 정말로 마음껏 즐겼던 때가 언제인지 기억도 나지 않아요.

남: 당신의 기력을 재충전할 필요가 있어요. 이번 주말에는 혼자 시간을 좀 보내는 게 어때요?

여: 그래야 할 것 같아요. 저만의 개인적인 시간이 필요할 것 같아요.

남: 네. 그리고 아이들은 걱정하지 말아요. 내가 애들을 돌볼게요.

여: 좋아요. 그럼 내가 뭘 할 수 있을지 생각해 볼게요.

남: 극장에 가거나, 자전거를 타고 강가를 달리거나, 혹은 당신이 행복하게 느끼게 하는 것은 무엇이든 할 수 있어요.

여: 음, 내가 관심이 있었던 전시회가 하나 있어요.

남: <u>좋아요. 그것은 당신 자신을 위한 시간을 갖기에 좋은 방법일 거예요.</u>

유형별 정답 분석

대화 응답 유형은 대화의 주제와 맥락, 흐름을 동시에 파악해야 한다. 주제 파악을 위해 반복되는 표현에 유의하고, 맥락과 흐름 파악을 위해 처음에 대화자 간 호칭 (Honey)에 유의하여 관계와 상황을 파악한다. 녹초가 된 상태로 집에 돌아온 여자에게 남자는 재충전할 시간을 가지라고 조언하는 상황이다. 대화의 중간에 정답을 암시하는 단서가 나오는데, 남자의 Why don't you spend some time alone this weekend?(이번 주말에는 혼자 시간을 좀 보내는 게 어때요?)라는 말에 여자가 I might need my own personal time.(저만의 개인적인 시간이 필요할 것 같아요.) 라고 답하고 있으므로, 여자가 Well, there's an exhibition that I've been interested in.(음, 내가 관심이 있었던 전시회가 하나 있어요.)라고 말하는 상황에서, 남자의 응답으로 가장 적절한 것은 ③ Great. That'll be a good way to take time for yourself.이다.

① 걱정마세요. 스트레스가 당신이 생각하는 것만큼 항상 나쁜 건 아니에요.

② 외출할 때는 항상 충전기를 가지고 가는 것을 잊지 마세요.

③ 좋아요. 그것은 당신 자신을 위한 시간을 갖기에 좋은 방법일 거예요.

④ 너무 많이 운동하면 에너지가 다 소진될 거예요.

⑤ 환상적이네요. 아이들과 그 전시회에서 즐거운 시간을 보냅시다.

정답   ③

TIP_ (듣기) 대화 응답 유형 실전 전략

01 듣기 중 가장 어려운 유형으로 후반부에 배치되어 집중력이 떨어질 수 있으므로 끝까지 집중한다.

02 대화를 듣고 상황에 가장 적절한 응답을 영어 선택지에서 직관적으로 골라야 한다.

03 영어 선택지를 파악하는데 시간이 많이 걸리기 때문에, 방송이 시작되기 전에 선택지를 미리 읽는다.

04 대화의 내용 속에 화자의 의도나 심경을 통해 정답의 단서가 될 수 있는 표현이 나오므로 유의해서 듣는다. (➡ Why don't you spend some time alone this weekend?, I might need my own personal time.)

05 평소 상황별 의사소통 표현을 익혀두면, 대화를 들으면서 동시에 짧은 시간에 다섯 개의 선택지를 이해하고 직관적으로 답할 수 있다.

| (듣기) 담화 응답 특징 |

❶ 선택지가 영어이고, 듣기에서 가장 어려운 유형이다.

❷ 담화의 흐름을 이해하여 상황에 가장 적절한 말을 추론한다.

❸ 종합적 능력을 요하는 유형으로 담화를 들으며 짧은 시간에 직관적으로 답해야 한다.

| 예제 2 2022학년도 수능 영어 영역 15번 (듣기) - 담화 응답 |

15 다음 상황 설명을 듣고, Jason이 Sarah에게 할 말로 가장 적절한 것을 고르시오. [3점]

> W: Jason is a sculptor and Sarah is the head of a local library. A few days ago, Sarah hired Jason to create a sculpture for the library's reopening by the end of next month. This morning, Sarah received the final design of the sculpture from Jason. She likes his design, but it looks quite complicated to her. She's worried whether he can finish in time, so she calls him to express her concern. However, Jason thinks that he has enough time to make it since he has worked on these types of sculptures before. So Jason wants to tell Sarah that he can finish it in time and that she doesn't have to be concerned. In this situation, what would Jason most likely say to Sarah?

Jason: _____

① Good luck. I hope you finish your work in time.

② Okay. Let's meet to discuss the changes to the sculpture.

③ That's terrible. I'm sorry that the reopening was postponed.

④ Hurry up. You have to send the final design immediately.

⑤ Don't worry. I can get the job done before the deadline.

평가 유형	담화 응답
말의 종류	담화(상황 설명)
말의 구조	미괄식

말의 소재	도서관 재개장을 위한 조형물
소재 단서	a sculpture for the library's reopening

말의 주제	도서관장이 조각가에게 도서관 재개장을 위한 조형물을 제시간에 끝낼 수 있을지 우려를 표하고 조각가는 시간이 충분하다고 안심시킨다.
주제 단서	So Jason wants to tell Sarah that he can finish it in time and that she doesn't have to be concerned.

단어·숙어

sculptor	조각가	head	장, 책임자
local	지역의	hire	고용하다
create	만들다	sculpture	조각
receive	받다	final	최종의
design	디자인	reopening	재개관
by~	~까지(기한)	complicated	복잡한
in time	시간 내에	express	표현하다
concern	우려, 걱정	work on~	~을 작업하다
type	유형	concerned	우려하는, 걱정하는
likely	아마, 어쩌면, 다분히		

우리말 의미

남: Jason은 조각가이고, Sarah는 지역의 도서관장이다. 며칠 전, Sarah는 다음 달 말

까지 도서관 재개장을 위한 조형물을 만들게 하기 위해 Jason을 고용했다. 오늘 아침, Sarah는 Jason으로부터 조각상의 최종 디자인을 받았다. 그녀는 그의 디자인을 좋아하지만, 그것이 그녀에게는 매우 복잡해 보인다. 그녀는 그가 시간 내에 끝낼 수 있을지 걱정되어 그에게 전화해서 우려를 표한다. 하지만, Jason은 전에 이런 유형의 조각품들을 작업해 본 적이 있기 때문에 그것을 만들 충분한 시간이 있다고 생각한다. 그래서 Jason은 Sarah에게 그가 그것을 시간 내에 끝낼 수 있으며 그녀가 걱정할 필요가 없다고 말하고 싶어한다. 이러한 상황에서 Jason은 Sarah에게 뭐라고 말하겠는가?

유형별 정답 분석

담화 응답 유형은 담화의 주제와 맥락, 흐름을 동시에 파악해야 한다. 주제 파악을 위해 반복되는 표현에 유의하고, 맥락과 흐름 파악을 위해 담화에 등장하는 인물들의 관계와 상황을 파악한다.

도서관 재개장을 위한 조형물을 의뢰한 도서관장 Sarah가 조각가인 Jason의 조형물이 복잡해 보여 시간 내에 끝낼 수 있을지 전화해서 우려를 표하고, Jason은 유사한 작업을 해 본적이 있어 시간이 충분하다고 말하려는 상황이다.

담화 응답 유형에서 정답을 암시해 주는 단서가 주로 담화의 마지막에 나오는데, 마지막 문장인 So Jason wants to tell Sarah that he can finish it in time and that she doesn't have to be concerned.(그래서 Jason은 Sarah에게 그가 그것을 시간 내에 끝낼 수 있으며 그녀가 걱정할 필요가 없다고 말하고 싶어한다.)가 Jason이 Sarah에게 하고 싶은 말을 암시하므로, Jason이 Sarah에게 할 말로 가장 적절한 것은 ⑤ Don't worry. I can get the job done before the deadline.이다.

① 행운을 빌어요. 일을 제시간에 끝내기를 바래요.
② 알겠어요. 조각상의 변경사항에 대해 논의하기 위해 만나죠.
③ 참 딱하게 됐네요. 재개관 일정이 연기되어 유감이에요.
④ 서둘러요. 최종 디자인을 즉시 보내주셔야 해요.

⑤ 걱정마세요. 마감 시한 전에 일을 끝낼 수 있어요.

정답 ⑤

TIP_ (듣기) 담화 응답 유형 실전 전략

01 듣기 중 가장 어려운 유형으로 후반부에 배치되어 집중력이 떨어질 수 있으므로 끝까지 집중한다.

02 담화를 듣고 상황에 가장 적절한 응답을 영어 선택지에서 직관적으로 골라야 한다.

03 영어 선택지를 파악하는데 시간이 많이 걸리기 때문에, 방송이 시작되기 전에 선택지를 미리 읽는다.

04 담화의 내용 속에 화자의 의도나 심경을 통해 정답의 단서가 될 수 있는 표현이 나오므로 유의해서 듣는다. (➡ So Jason wants to tell Sarah that he can finish it in time and that she doesn't have to be concerned.)

05 평소 상황별 의사소통 표현을 익혀두면, 담화를 들으면서 동시에 짧은 시간에 다섯 개의 선택지를 이해하고 직관적으로 답할 수 있다.

7. (듣기) 1담화 2문항 (최하) - 주제 파악/언급 파악

| (듣기) 1담화 2문항 (2022 수능) |

⓰ 남자가 하는 말의 주제로 가장 적절한 것은? (주제 파악)

⓱ 언급된 예술 분야가 <u>아닌</u> 것은? (언급 파악)

1담화 2문항 유형은 1개의 담화를 듣고 2개의 세트 문항을 해결하는 유형입니다. 주제 파악과 언급 파악 문항으로 구성되고, 기초 학술적 담화가 사용되며 강연, 연설, 홍보 등이 있습니다. 평소 일상적 담화뿐만 아니라 다양한 기초 학술적 담화에 관한 듣기 연습도 해야 합니다.

1담화 2문항의 기초 학술적 담화에는 강의가 주를 이루고, 처음 도입 부분에서 주제를 제시하고 이어서 주제에 대한 근거를 제시하는 구조가 많습니다. 따라서, 1담화 2문항 유형을 해결할 때에는 도입 부분에서 주제 파악 문항을 해결하고 예시나 설명 부분을 들으면서 언급 파악 문항을 해결하면 됩니다. 언급 파악은 세부 내용 파악 유형에 속하여 담화의 내용 전개 순서가 선택지 순서와 같습니다. 따라서, 담화를 들으면서 선택지 순서대로 언급 여부를 확인하면 됩니다.

1담화 2문항은 담화의 내용이 다소 어렵고 길기 때문에 두 번 들려줍니다. 하지만, 위와 같은 방법으로 접근하면 문제를 쉽게 해결할 수 있으므로 두 번 다 들을 필요가 없습니다. 처음 들려줄 때, 도입 부분에서 주제를 파악하고 전개 부분에서 언급 여부를 파악했다면 바로 독해 영역으로 넘어가는 것이 좋습니다. 시간을 단축시키기 위해서 처음 들을 때 2문항 모두 답하는 전략이 중요합니다.

| (듣기) 1담화 2문항 (주제 파악/언급 파악) 특징 |

❶ 1담화 2문항으로 주제 파악과 언급 파악 세트 문항이다.

❷ 주제는 처음 도입 부분에서 파악한다.

❸ 언급 여부는 전개 부분에서 선택지 순서대로 확인한다.

❹ 처음 들려줄 때 2문항 모두 해결한다.

| 예제 2022학년도 수능 영어 영역 16~17번 (듣기) - 1담화 2문항 |

16~17 다음을 듣고, 물음에 답하시오.

M: Good morning, students. You might think that math is all about boring formulas, but actually it involves much more. Today, we'll learn how mathematics is used in the arts. First, let's take music. Early mathematicians found that dividing or multiplying sound frequencies created different musical notes. Many musicians started applying this mathematical concept to make harmonized sounds. Second, painting frequently uses math concepts, particularly the "Golden Ratio." Using this, great painters created masterpieces that display accurate proportions. The *Mona Lisa* is well-known for its accurate proportionality. Photography is another example of using mathematical ideas. Photographers divide their frames into 3 by 3 sections and place their subjects along the lines. By doing so, the photo becomes balanced, thus more pleasing. Lastly, dance applies mathematics to position dancers on the stage. In ballet, dancers calculate distances between themselves and other dancers, and adjust to the size of the stage. This gives the impression of harmonious movement. I hope you've gained a new perspective on mathematics.

16 남자가 하는 말의 주제로 가장 적절한 것은?

① effects of incorporating painting into math education

② mathematical analysis of the art industry's growth

③ application of mathematics in different types of art

④ historical review of important concepts in the arts

⑤ challenges of harmonizing mathematics and art

17 언급된 예술 분야가 <u>아닌</u> 것은?

① music   ② painting   ③ photography

④ dance   ⑤ cinema

유형별 실전 풀이

평가 유형	(듣기) 1담화 2문항 (주제 파악/언급 파악)
말의 종류	기초 학술적 담화(강의)
말의 구조	두괄식

말의 소재	수학
소재 단서	math

말의 주제	수학이 예술에서 어떻게 사용되는지 여러 예술 분야에서 수학의 응용 사례를 통해 설명한다.
주제 단서	Today, we'll learn how mathematics is used in the arts.

단어·숙어

formula	공식	involve	포함하다, 수반하다
art	예술	divide	나누다, 분할하다

multiply 배가하다

note 음

concept 개념

frequently 자주

masterpiece 걸작

accurate 정확한

proportionality 비례

frame 프레임, 틀

balanced 균형 잡힌

position 위치를 잡다

calculate 계산하다

impression 인상

perspective 관점

sound frequency 음성 주파수

apply 적용하다

harmonized sound 화음

Golden Ratio 황금비율

display 보여주다, 나타내다

proportion 비율

photography 사진촬영(술)

subject 피사체, 물체

pleasing 만족스러운

ballet 발레

adjust to~ ~에 맞추다

harmonious 조화로운

우리말 의미

남: 학생 여러분, 안녕하세요. 여러분은 수학이 온통 지루한 공식에 관한 것이라고 생각할 지도 모릅니다. 하지만, 실제로 그것은 훨씬 더 많은 것을 포함하고 있습니다. 오늘, 우리는 수학이 예술에서 어떻게 사용되는지 배우게 될 것입니다. 첫째, 음악을 봅시다. 초기 수학자들은 음성 주파수를 나누거나 배가시키는 것이 다양한 음악적 음들을 만든다는 것을 발견했습니다. 많은 음악가들이 화음을 만들기 위해서 이러한 수학적 개념을 적용하기 시작했습니다. 둘째, 회화는 수학 개념, 특히 '황금 비율'을 자주 사용합니다. 이것을 사용하여 위대한 화가들은 정확한 비율을 나타내는 걸작을 만들었습니다. *Mona Lisa*는 정확한 비례로 유명합니다. 사진촬영술은 수학적 아이디어를 사용하는 또 다른 예입니다. 사진작가는 자신의 프레임을 3×3 구역으로 나누고 그 선들을 따라서 자신의 피사체들을 놓습니다. 그렇게 함으로써, 사진은 균형이 잡히고, 더 만족스러워집니다. 마지막으로, 무용은 무대 위에서 무용수들의 위치를 잡기 위해 수학을 적용합니다. 발레에서, 무용수들은 자신들과 다른 무

용수들 사이의 거리를 계산하고 무대의 크기에 맞춥니다. 이것은 조화로운 동작이라는 인상을 줍니다. 저는 여러분이 수학에 관한 새로운 관점을 얻게 되었기를 바랍니다.

유형별 정답 분석 (16. 주제 파악)

1담화 2문항 유형은 담화를 들으면서 주제와 언급 여부를 동시에 파악한다. 1담화 2문항 유형에 주로 사용되는 담화는 기초 학술적 강의이다. 주제가 도입 부분에 제시되고 예시나 설명이 이어지므로 처음 부분에서 담화의 주제를 파악하고 예시나 설명 부분에서 언급 여부를 파악한다. 남자는 수학이 공식 외에도 많은 것을 포함하고 있으며 수학이 예술에서 어떻게 사용되는지 배울 것이라고 말한 후, 여러 예술에서 수학이 응용되는 사례를 설명하고 있다. 강의 주제가 두 번째 문장인 Today, we'll learn how mathematics is used in the arts.(오늘, 우리는 수학이 예술에서 어떻게 사용되는지 배우게 될 것입니다.)이므로, 남자가 하는 말의 주제로 가장 적절한 것은 ③ application of mathematics in different types of art이다.

① 회화를 수학 교육에 포함하는 것의 효과
② 예술 산업의 성장에 관한 수학적 분석
③ 다양한 종류의 예술에서의 수학의 응용
④ 예술에서의 중요한 개념들의 역사적 고찰
⑤ 수학과 예술을 조화시키는 난제

정답 (16. 주제 파악) ③

유형별 정답 분석 (17. 언급 파악)

언급 파악 유형은 선택지 순서대로 담화 내용이 전개되므로 담화를 들으며 선택지 순서대로 언급 여부를 확인한다. 맨 처음 도입 부분에서 주제가 제시된 후에 예시나 설명 부분에서 언급 여부를 파악하면 된다. 정답이 ③, ④, ⑤번에 있을 확률이 높기 때문에 특히 유의해서 듣는다. music(음악), painting(회화), Photography(사진촬영

술), dance(무용)는 언급되었으나 ⑤ cinema(영화)는 언급되지 않았으므로, 언급된
예술 분야가 아닌 것은 ⑤ cinema이다.

① 음악　　　　　　　② 회화　　　　　　　③ 사진촬영술
④ 무용　　　　　　　⑤ 영화

정답 (17. 언급 파악)　⑤

TIP_ (듣기) 1담화 2문항 (주제 파악/언급 파악) 유형 실전 전략

01. 1담화 2문항으로 주제 파악과 언급 파악 세트 문항이다.

02. 담화의 종류는 강의가 많으며, 도입 부분에서 주제를 파악한다.

03. 전개 부분(예시, 설명)에서 선택지 순서대로 언급 여부를 확인한다.

04. 언급 파악할 때 열거 순서를 나타내는 표현에 유념한다.(➡ First, Second, another, Lastly.)

05. 1담화 2문항은 두 번 들려주지만 어렵지 않기 때문에, 처음 들려줄 때 2문항 모두 답한 후 바로 독해 영역으로 넘어간다.

8. 안내문 내용 일치 (최하)

안내문 내용 일치 유형은 안내문에 제시된 정보를 정확하게 파악하는 능력을 평가합니다. 안내문은 일반적인 글과는 달리 단편적이고 독립적인 정보들로 구성되어 있기 때문에 전체 글을 처음부터 끝까지 다 읽을 필요가 없습니다. 선택지의 순서가 안내문의 전개 순서와 같고, 선택지가 우리말로 되어 있기 때문에 우리말 선택지를 안내문과 비교하여 부분 정보만 확인해도 정답을 쉽게 찾을 수 있습니다. 따라서, 독해에서 가장 쉬운 유형이 안내문(실용문) 내용 일치 유형입니다.

안내문 내용 일치 유형은 우리말 선택지이다 보니 정답을 앞번호에 배치할 경우, 안내문을 조금만 읽고도 답할 수 있기 때문에 문항으로서의 기능이 떨어지게 됩니다. 따라서, 정답은 ①, ②번과 같은 앞번호에 있을 가능성은 낮고, ③, ④, ⑤번에 있을 확률이 높기 때문에 정답을 확인할 때에는 ⑤번부터 역순으로 내용 일치 여부를 확인하는 것이 시간 절약을 위해 효과적입니다.

만약 우리말 선택지에 사람 이름, 기관명, 지명 등의 고유명사나 숫자, 날짜 등의 아라비아 숫자와 같이 눈에 띄는 표현이 있다면, 지문에서 이러한 표현이 있는 문장을 찾아 일치 여부를 확인하는 것도 시간을 줄이는 방법입니다.

| 안내문 내용 일치 특징 |

❶ 선택지가 우리말이고, 독해에서 가장 쉬운 유형이다.

❷ 선택지 순서가 안내문 전개 순서와 같다.

❸ 안내문 전체를 읽지 않고, 부분 정보만 확인해도 된다.

❹ 사실 정보를 토대로 답하므로 정답이 명확하다.

28 Goldbeach SeaWorld Sleepovers에 관한 다음 안내문의 내용과 일치하는 것은?

Goldbeach SeaWorld Sleepovers

Do your children love marine animals? A sleepover at Goldbeach SeaWorld will surely be an exciting overnight experience for them. Join us for a magical underwater sleepover.

Participants

- Children ages 8 to 12

- Children must be accompanied by a guardian.

When: Saturdays 5 p.m. to Sundays 10 a.m. in May, 2022

Activities: guided tour, underwater show, and photo session with a mermaid

Participation Fee

- $50 per person (dinner and breakfast included)

Note

- Sleeping bags and other personal items will not be provided.

- All activities take place indoors.

- Taking photos is not allowed from 10p.m. to 7a.m.

For more information, you can visit our website at www.goldbeachseaworld.com.

① 7세 이하의 어린이가 참가할 수 있다.　② 평일에 진행된다.

③ 참가비에 아침 식사가 포함된다.　④ 모든 활동은 야외에서 진행된다.

⑤ 사진 촬영은 언제든지 할 수 있다.

평가 유형   안내문 내용 일치

글의 종류   안내문(실용문)

글의 구조   두괄식

글의 소재   Goldbeach SeaWorld에서의 하룻밤 행사

소재 단서   A sleepover at Goldbeach SeaWorld

글의 주제   Goldbeach SeaWorld에서의 하룻밤 행사에 참여하세요.

주제 단서   Join us for a magical underwater sleepover.

단어 · 숙어

sleepover 하룻밤 행사	marine 해양의
overnight 하룻밤 동안의	underwater 수중의
be accompanied by~ ~를 동반하다, 함께 오다	guardian 보호자
photo session 사진 촬영 시간	mermaid 인어
fee 요금	take place 실시되다
indoors 실내에서	

우리말 의미

Goldbeach SeaWorld 하룻밤 행사

여러분의 아이들은 해양 동물들을 좋아하나요? Goldbeach SeaWorld에서의 하룻밤 행사는 아이들에게 분명 신나는 하룻밤의 경험이 될 것입니다. 마법같은 수중 하룻밤 행사에 저희와 함께 참여하세요.

참가자:

- 8세~12세의 어린이

- 어린이는 보호자를 동반해야 합니다.

일시: 2022년 5월 토요일 오후 5시~일요일 오전 10시

활동: 가이드 투어, 수중 쇼, 인어공주와 사진 촬영 시간

참가비:

- 1인당 $50(저녁 식사 및 아침 식사 포함)

참고 사항

- 침낭 및 기타 개인용품은 제공되지 않습니다.

- 모든 활동은 실내에서 실시됩니다.

- 오후 10시부터 오전 7시까지는 사진 촬영이 허용되지 않습니다.

더 많은 정보를 원하시면 저희 웹사이트 www.goldbeachseaworld.com을 방문하실 수 있습니다.

유형별 정답 분석

안내문 내용 일치 유형은 안내문의 전개 순서가 선택지의 순서와 같고, 정답이 ③, ④, ⑤번에 있을 확률이 높기 때문에 ⑤번부터 역순으로 내용 일치 여부를 확인하면 시간을 줄일 수 있다. 지문 가운데 Participation Fee - $50 per person (dinner and breakfast included)(참가비: - 1인당 $50(저녁 식사 및 아침 식사 포함))이라는 내용이 있으므로, 안내문의 내용과 일치하는 것은 ③ 참가비에 아침 식사가 포함된다. 이다.

정답   ③

TIP_ 안내문 내용 일치 유형 실전 전략

01 안내문을 읽기 전에 우리말 선택지를 먼저 읽는다.

02 선택지 순서가 안내문의 전개 순서와 같으므로, 선택지를 토대로 정보를 찾아 내용 일치 여부를 확인한다.

03 정답이 ③, ④, ⑤ 중에 있을 확률이 높으므로, ⑤번부터 역순으로 일치 여부를 확인한다.

04 선택지에 이름, 기관명, 지명 등의 고유명사나 숫자, 날짜 등이 있으면 안내문에서 이러한 표현이 있는 문장을 찾아 일치 여부를 확인한다.

05 사실 정보를 토대로 답이 명확하므로, 정답을 찾으면 바로 다음 문제로 넘어간다.

9. 글의 내용 일치 (최하)

글의 내용 일치 유형에 사용되는 글의 종류는 인물의 전기문이나 장소나 건물에 관한 설명문이 많고 시간순으로 쓰여진 경우가 대부분입니다. 글의 내용 일치 유형은 안내문 내용 일치 유형과 문항 제작 원리가 비슷하여 유사한 전략을 쓸 수 있습니다. 글의 내용 일치 유형도 선택지가 우리말이고 선택지 순서와 글의 전개 순서가 같기 때문에 글을 다 읽지 않고 선택지를 토대로 부분 정보만 확인해도 답을 쉽게 찾을 수 있습니다.

글의 내용 일치 유형은 우리말 선택지이다 보니 정답을 앞번호에 배치할 경우, 글을 조금만 읽고도 답할 수 있기 때문에 문항으로서의 기능이 떨어지게 됩니다. 따라서, 정답은 ①, ②번과 같은 앞번호에 있을 가능성은 낮고, ③, ④, ⑤번에 있을 확률이 높기 때문에 정답을 확인할 때에는 ⑤번부터 역순으로 내용 일치 여부를 확인하는 것이 시간 절약을 위해 효과적입니다.

만약 우리말 선택지에 사람 이름, 기관명, 지명 등의 고유명사나 숫자, 날짜 등의 아라비아 숫자와 같이 눈에 띄는 표현이 있다면, 지문에서 이러한 표현이 있는 문장을 찾아 일치 여부를 확인하는 것도 시간을 줄이는 방법입니다.

| 글의 내용 일치 특징 |

❶ 선택지가 우리말이고, 독해에서 가장 쉬운 유형이다.

❷ 선택지 순서가 글의 전개 순서와 같다.

❸ 글 전체를 읽지 않고, 부분 정보만 확인해도 된다.

❹ 사실 정보를 토대로 답하므로 정답이 명확하다.

26 Donato Bramante에 관한 다음 글의 내용과 일치하지 <u>않는</u> 것은?

Donato Bramante, born in Fermignano, Italy, began to paint early in his life. His father encouraged him to study painting. Later, he worked as an assistant of Piero della Francesca in Urbino. Around 1480, he built several churches in a new style in Milan. He had a close relationship with Leonardo da Vinci, and they worked together in that city. Architecture became his main interest, but he did not give up painting. Bramante moved to Rome in 1499 and participated in Pope Julius II's plan for the renewal of Rome. He planned the new Basilica of St. Peter in Rome-one of the most ambitious building projects in the history of humankind. Bramante died on April 11, 1514 and was buried in Rome. His buildings influenced other architects for centuries.

① Piero della Francesca의 조수로 일했다.

② Milan에서 새로운 양식의 교회들을 건축했다.

③ 건축에 주된 관심을 갖게 되면서 그림 그리기를 포기했다.

④ Pope Julius II의 Rome 재개발 계획에 참여했다.

⑤ 그의 건축물들은 다른 건축가들에게 영향을 끼쳤다.

유형별 실전 풀이

평가 유형   글의 내용 일치

글의 종류   전기문

글의 구조   미괄식

글의 소재   Donato Bramante의 일대기

소재 단서   Donato Bramante

글의 주제   Donato Bramante는 건축가로서 여러 업적을 남겼고 다른 건축가들에
          게도 영향을 주었다.

주제 단서   His buildings influenced other architects for centuries.

단어 · 숙어

assistant   조수

participate in~   ~에 참여하다

renewal   재개발

humankind   인류

influence   영향을 주다

basilica   바실리카(지붕이 둥글고 두 줄 기둥이 있는 구조의 교회나 회관)

architecture   건축

pope   교황

ambitious   야심 찬

bury   묻다, 매장하다

architect   건축가

우리말 의미

이탈리아의 Fermignano에서 태어난 Donato Bramante는 그의 인생에서 일찍 그림을 그리기 시작했다. 그의 아버지는 그가 그림을 공부하도록 격려했다. 나중에, 그는 Urbino에서 Piero della Francesca의 조수로 일했다. 1480년 무렵, 그는 Milan에서 몇몇 교회들을 새로운 양식으로 건축했다. 그는 Leonardo da Vinci와 친밀한 관계를 맺었고, 그들은 그 도시에서 함께 작업했다. 건축이 그의 주요한 관심사가 되었지만, 그는 그림을 포기하지 않았다. Bramante는 1499년에 Rome으로 이동해서 교황 Julius 2세의 Rome 재개발 계획에 참여했다. 그는 인류 역사상 가장 야심 찬 건축 프로젝트 중 하나인 Rome의 성 베드로 성당의 새로운 바실리카를 계획했다. Bramante는 1514년 4월 11일에 사망하였으며 Rome에 묻혔다. 그의 건축물들은 수 세기 동안 다른 건축가들에게 영향을 주었다.

글의 내용 일치 유형은 지문의 전개 순서가 선택지의 순서와 같고, 정답이 ③, ④, ⑤ 번에 있을 확률이 높기 때문에 ⑤번부터 역순으로 내용 일치 여부를 확인하면 시간 을 줄일 수 있다. 지문의 중간에 Architecture became his main interest, but he did not give up painting.의 의미는 '건축이 그의 주요한 관심사가 되었지만, 그는 그림 을 포기하지 않았다.'는 내용이므로, 글의 내용과 일치하지 않는 것은 ③ 건축에 주 된 관심을 갖게 되면서 그림 그리기를 포기했다.이다.

정답 ③

TIP_ 글의 내용 일치 유형 실전 전략

01 글을 읽기 전에 우리말 선택지를 먼저 읽는다.

02 선택지 순서가 글의 전개 순서와 같으므로, 선택지를 토대로 내용 일치 여부를 확인 한다.

03 정답이 ③, ④, ⑤ 중에 있을 확률이 높으므로, ⑤번부터 역순으로 일치 여부를 확인한다.

04 선택지에 이름, 기관명, 지명 등의 고유명사나 숫자, 날짜 등이 있으면 글에서 이러한 표현이 있는 문장을 찾아 일치 여부를 확인한다.

05 사실 정보를 토대로 답이 명확하므로, 정답을 찾으면 바로 다음 문제로 넘어간다.

10. 도표 내용 일치 (최하)

도표 내용 일치 유형은 도표의 내용을 정확하게 파악하는 능력을 평가합니다. 주로 막대그래프 형태의 도표가 출제되므로 기출 문제 풀이를 통해 다양한 막대그래프 도표를 다루어 봄으로써 어떤 형태의 도표라도 빠르게 파악할 수 있어야 합니다.

도표 내용 일치 유형에 필수적으로 사용되는 표현으로 비교급과 최상급 표현이 있습니다. 도표를 설명하는 과정에서 여러 가지 통계 수치를 비교·분석하기 때문에 비교급과 최상급 표현이 꼭 나옵니다. 따라서, 평소 비교급과 최상급을 의미하는 다양한 표현들에 대한 선행 학습이 이루어져 있어야 합니다.

도표 내용 일치 유형 또한 내용 일치 유형의 특성상 글 전체를 읽지 않고 부분 정보만 확인해도 답할 수 있는 유형이므로 전략적으로 해결합니다. 우선 도표의 제목을 보고 도표가 무엇에 관한 것인지를 파악합니다. 그런 다음 각각의 막대그래프가 의미하는 바를 파악합니다. 도표와 각각의 막대그래프가 의미하는 바를 파악했다면 선택지를 토대로 도표의 내용과 일치 여부를 확인합니다.

도표 내용 일치 유형 또한 내용 일치 유형의 특성상 정답이 ③, ④, ⑤번 중에 있을 확률이 높기 때문에 선택지를 확인할 때 ⑤번부터 역순으로 확인하는 것이 시간 단축에 도움이 됩니다. 사실 정보를 토대로 답하는 유형으로 정답이 명확하기 때문에 정답을 찾은 후에는 바로 다음 문항으로 넘어갑니다.

| 도표 내용 일치 특징 |

❶ 독해에서 가장 쉬운 유형이다.

❷ 도표를 파악한 후, 선택지를 토대로 도표와 일치 여부를 확인한다.

❸ 도표를 설명하는 표현으로 비교급, 최상급 표현에 유의한다.

❹ 사실 정보를 토대로 답하므로 정답이 명확하다.

| 예제 2022학년도 수능 영어 영역 25번 |

25 다음 도표의 내용과 일치하지 <u>않는</u> 것은?

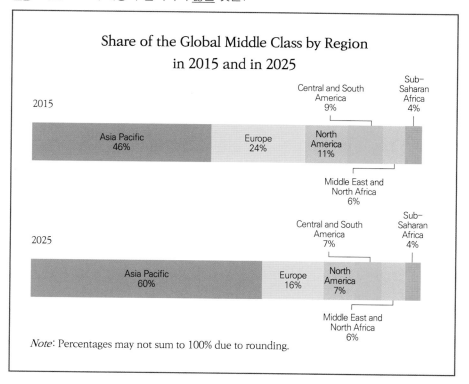

The above graphs show the percentage share of the global middle class by region in 2015 and its projected share in 2025. ① It is projected that the share of the global middle class in Asia Pacific will increase from 46 percent in 2015 to 60

percent in 2025. ② The projected share of Asia Pacific in 2025, the largest among the six regions, is more than three times that of Europe in the same year. ③ The shares of Europe and North America are both projected to decrease, from 24 percent in 2015 to 16 percent in 2025 for Europe, and from 11 percent in 2015 to 8 percent in 2025 for North America. ④ Central and South America is not expected to change from 2015 to 2025 in its share of the global middle class. ⑤ In 2025, the share of the Middle East and North Africa will be larger than that of sub-Saharan Africa, as it was in 2015.

유형별 실전 풀이

평가 유형   도표 내용 일치

글의 종류   도표 설명문

글의 구조   두괄식

글의 소재   2015년과 2025년에 예상되는 지역별 세계 중산층 점유율

소재 단서   share of the global middle class by region in 2015 and its projected share in 2025

글의 주제   2015년과 2025년에 예상되는 지벽별 세계 중산층 점유율을 도표를 이용하여 설명한다.

주제 단서   The above graphs show the percentage share of the global middle class by region in 2015 and its projected share in 2025.

단어·숙어

share   점유율   middle class   중산층

region   지역   Asia Pacific   아시아 태평양 지역

sum　합계가 되다

project　예상하다

decease　감소하다

rounding　반올림

increase　증가하다

Central and South America　중남미

Middle East and North Africa　중동과 북아프리카

Sub-Saharan Africa　사하라 사막 이남 아프리카

be projected(expected) to v　v할 것으로 예상되다

as it was　그랬던 것처럼

우리말 의미

위의 그래프들은 2015년의 지역별 세계 중산층의 점유율과 2025년에 예상되는 점유율을 보여준다. ① 아시아 태평양 지역의 세계 중산층 점유율은 2015년에 46퍼센트에서 2025년에 60퍼센트로 증가할 것으로 예상된다. ② 2025년에 아시아 태평양 지역의 예상 점유율은 여섯 개 지역 중에서 가장 크고, 같은 해 유럽의 예상 점유율의 세 배보다 더 크다. ③ 유럽과 북미의 점유율은, 유럽은 2015년에 24퍼센트에서 2025년에 16퍼센트로, 북미는 2015년에 11퍼센트에서 2025년에 8퍼센트로, 둘 다 감소할 것으로 예상된다. ④ 중남미는 세계의 중산층 점유율에 있어서 2015년에서 2025년까지 변화하지 않을 것으로 예상된다. ⑤ 2015년에 그랬던 것처럼, 2025년에 중동과 북아프리카의 점유율은 사하라 사막 이남 아프리카의 점유율보다 더 클 것이다.

유형별 정답 분석

도표 내용 일치 문항은 정답이 ③, ④, ⑤번에 있을 확률이 높기 때문에 ⑤번부터 역순으로 내용 일치 여부를 확인하면 시간을 줄일 수 있다. 도표 상으로는 중남미(Central and South America)의 세계 중산층 점유율은 2015년에 9퍼센트였고, 2025년의 예상 점유율은 7퍼센트로, 2퍼센트 감소할 것으로 예상된다. 따라서, ④ Central and South America is not expected to change from 2015 to 2025 in its share of the global middle class.(중남미는 중산층 점유율에 있어서 2015년에

서 2025년까지 변화하지 않을 것으로 예상된다.)은 도표의 내용과 다르므로, 도표의 내용과 일치하지 않는 것은 ④ Central and South America is not expected to change from 2015 to 2025 in its share of the global middle class.이다.

정답 ④

TIP_ 도표 내용 일치 유형 실전 전략

01 도표의 제목과 막대그래프의 형태를 통해 도표 내용을 파악한다.

02 부분 정보만 확인해도 답할 수 있으므로, 선택지를 토대로 도표와 일치 여부를 확인한다.

03 정답이 ③, ④, ⑤ 중에 있을 확률이 높으므로, 선택지 ⑤번부터 역순으로 도표와 일치 여부를 확인한다.

04 비교급과 최상급 표현이 주로 사용되므로, 비교급과 최상급을 의미하는 다양한 표현들을 숙지한다.

05 사실 정보를 근거로 답하기 때문에 정답이 명확하므로, 정답을 찾으면 바로 다음 문항으로 넘어간다.

도표 내용 일치 유형 필수 표현

1. 최상급

Seoul is the biggest city in Korea.

- ⊜ No (other) city is bigger than Seoul in Korea.
- ⊜ No (other) city is as big as Seoul in Korea.

   (서울이 한국에서 가장 큰 도시이다.)

2. 비교급

Tom is taller than John.

- ⊜ John is not as tall as Tom.
- ⊜ John is shorter than Tom.

   (Tom은 John보다 더 크다.)

응용 예문 1

This house is two times bigger than my house.

(이 집은 나의 집보다 2배 더 크다.)

응용 예문 2

Busan has 15% more females than this city.

(부산은 이 도시보다 15% 더 많은 여성을 가지고 있다.)

3. 배수

❶ 배수 = 기수 times

   2배 = two times (twice, twofold, double)

   3배 = three times (threefold)

   4배 = four times (fourfold)

❷ 배수 구문

   배수 as 원급(형용사/부사) as~ (~보다 (배수)배 더 (형/부)한)

   - ⊜ 배수 비교급(형/부) than~

응용 예문 1

She speaks <u>twice as fast as</u> Mary.

⊖ She speaks <u>twice faster than</u> Mary.

(그녀는 Mary보다 2배 더 빠르게 말한다.)

응용 예문 2

This school has <u>three times as many students as</u> that school.

⊖ This school has <u>three times more students than</u> that school.

(이 학교는 저 학교보다 3배 더 많은 학생들을 가지고 있다.)

4. 분수

❶ 분자: 기수 (one, two, three…)

❷ 분모: 서수 (first, second, third…)

1/2 = a(one) half

1/3 = a(one) third

1/4 = a(one) fourth (a quarter)

2/5 = two fifths

3/7 = three sevenths

5. 증감 동사

❶ 증가: increase, rise, grow, improve, enhance

❷ 감소: decrease, decline, diminish, reduce

11. 글의 목적 (최하)

글의 목적 유형은 글쓴이가 글을 쓴 목적을 파악하는 능력을 평가합니다. 글의 목적으로는 문의, 부탁, 요청, 독려, 추천, 축하, 경고, 안내, 공지, 홍보 등이 있고, 선택지가 우리말이어서 비교적 쉬운 유형에 속합니다. 글의 종류로는 편지, 이메일, 안내문, 광고문, 기고문 등이 있습니다. 글의 종류 및 수신자와 발신자와의 관계를 단서로 글의 목적을 유추할 수 있습니다.

글의 목적은 글의 주제에 해당하는 중요한 메시지로 글에서 반복적으로 사용되는 표현이나 어구에 주목합니다. 또한, 주제문이 주로 위치하는 첫 문장과 마지막 문장도 유념해서 읽습니다. 특히, 글쓴이가 글에서 사용하고 있는 동사는 글의 목적을 암시하는 중요한 단서가 될 수 있습니다. 글의 목적으로 출제되는 문의, 부탁, 요청, 독려, 추천, 축하, 경고, 안내, 공지, 홍보 등을 의미하는 다양한 어휘에 대한 학습이 평소 꾸준히 이루어져야 합니다.

| 글의 목적 특징 |

❶ 선택지가 우리말이고, 독해에서 가장 쉬운 유형이다.

❷ 전체 글을 읽고 글의 주제에 해당하는 핵심 메시지를 파악한다.

❸ 편지, 이메일, 안내문, 광고문, 기고문 등이 사용된다.

❹ 반복되는 표현이나 어구 및 글의 목적을 암시하는 동사 표현에 주목한다.

18 다음 글의 목적으로 가장 적절한 것은?

Dear Ms. Green,

My name is Donna Williams, a science teacher at Rogan High School. I am planning a special workshop for our science teachers. We are interested in learning how to teach online science classes. I have been impressed with your ideas about using internet platforms for science classes. Since you are an expert in online education, I would like to ask you to deliver a special lecture at the workshop scheduled for next month. I am sure the lecture will help our teachers manage successful online science classes, and I hope we can learn from your insights. I am looking forward to hearing from you.

Sincerely,

Donna Williams

---

① 과학 교육 정책 협의회 참여를 독려하려고
② 과학 교사 워크숍의 특강을 부탁하려고
③ 과학 교사 채용 계획을 공지하려고
④ 과학 교육 프로그램 개발을 요청하려고
⑤ 과학 교육 워크숍 일정의 변경을 안내하려고

평가 유형   글의 목적

글의 종류   편지글

글의 구조   두괄식, 중괄식

글의 소재   과학 교사 워크숍 특강

소재 단서   a special workshop for our science teachers

글의 주제   고등학교의 과학 교사가 온라인 교육 전문가에게 과학 교사 워크숍 특강
을 부탁한다.

주제 단서   I am planning a special workshop for our science teachers. / I <u>would
like to ask</u> you to deliver a special lecture at the workshop scheduled
for next month.

단어·숙어

workshop   워크숍, 연수   be impressed with~   ~에 감명 받다

internet platfrom   인터넷 플랫폼   expert   전문가

deliver a special lecture   특강을 하다   scheduled   예정된

manage   해내다, 성공하다   insight   통찰력

우리말 의미

Green씨께

제 이름은 Donna Williams이고, Rogan 고등학교의 과학 교사입니다. 저는 저희 학
교의 과학 교사들을 위한 특별 워크숍을 계획하고 있습니다. 저희는 온라인 과학 수
업을 가르치는 방법을 배우는 데 관심을 갖고 있습니다. 저는 과학 수업을 위해 인터
넷 플랫폼을 사용하는 것에 관한 귀하의 아이디어에 감명을 받았습니다. 귀하가 온
라인 교육에 있어 전문가시기에, 저는 귀하께서 다음 달로 예정된 워크숍에서 특강

을 해주시기를 부탁드리고 싶습니다. 저는 그 강의가 저희 교사들이 성공적인 온라인 과학 수업을 해내는 데 도움이 되리라 확신합니다. 그리고, 저희가 귀하의 통찰력으로부터 배울 수 있기를 희망합니다. 귀하의 회신을 고대하고 있겠습니다.

Donna Williams 드림

유형별 정답 분석

글의 목적 유형은 글의 목적이 주제에 해당하는 중요한 메시지이므로 반복적인 표현에 주목하여 주제를 파악한다. 글의 앞 부분에 I am planning a special workshop for our science teachers.(저는 저희 학교의 과학 교사들을 위한 특별 워크숍을 계획하고 있습니다.)라고 하면서 편지의 목적을 먼저 소개하고, 글의 중간에 I would like to ask you to deliver a special lecture at the workshop scheduled for next month.(저는 귀하께서 다음 달로 예정된 워크숍에서 특강을 해주시기를 부탁드리고 싶습니다.)라고 하면서 편지의 목적을 상세하게 반복적으로 제시하고 있다. 특히, would like to ask는 부탁이나 요청을 나타내는 동사 표현이므로, 글의 목적으로 가장 적절한 것은 ② 과학 교사 워크숍의 특강을 부탁하려고이다.

정답 ②

TIP_ 글의 목적 유형 실전 전략

01 글을 읽기 전, 우리말 선택지의 목적을 확인한다.

02 글의 종류 및 수신자와 발신자의 관계를 단서로 글의 목적을 유추한다.

03 글에서 반복되는 표현에 주목하고, 특히, 첫 문장과 마지막 문장에 주목한다.
(● I am planning a special workshop for our science teachers.)

04 글의 목적을 암시하는 동사에 주목한다. (● I would like to ask you to deliver a special lecture at the workshop scheduled for next month.)

글의 목적을 나타내는 동사 표현

1. 문의

ask 묻다, 문의하다	Shall I v? 제가 v할까요?
I wonder if I v? 제가 v해도 될까요?	Would(Will) you v? v하시겠어요?
May(Can) I v? 제가 v해도 될까요?	

2. 부탁, 요청, 요구

ask 부탁하다, 요청하다	want 원하다
request 요청하다	desire 원하다
require 요구하다	wish 소망하다
demand 요구하다	hope 희망하다
need 필요하다	would like to v v하고 싶다

3. 추천, 제안, 주장, 의무

recommend 추천하다	insist 주장하다
suggest 제안하다	should v v해야 한다
propose 제안하다	must v v해야 한다
offer 제안하다	have to v v해야 한다

4. 안내, 공지, 홍보, 광고

inform 알리다	promote 홍보하다
notify 알리다, 공지하다	publicize 홍보하다
remind 상기시키다	advertise 광고하다
announce 발표하다	introduce 소개하다

5. 동의, 수락, 허락, 승인

agree   동의하다

admit   인정하다

accept   수락하다

allow   허락하다

permit   허용하다

approve   승인하다

6. 거절, 부인

refuse   거절하다

reject   거절하다

turn down   거절하다

deny   부인하다

7. 축하, 경고, 설명

congratulate   축하하다

celebrate   축하하다

warn   경고하다

explain   설명하다

8. 확인, 지시, 명령

confirm   확인하다

check   확인하다

instruct   지시하다

indicate   지시하다

order   명령하다

command   명령하다

12. 심경·분위기 (최하)

　심경·분위기 유형은 글에 나타난 주인공의 심경이나 분위기의 변화를 파악하는 능력을 평가합니다. 주인공이나 등장인물이 나오는 일화문(에피소드)이 주로 사용되므로, 주인공이나 등장인물을 파악한 후 사건의 전개에 따른 주인공의 심경이나 분위기 변화에 주목합니다. 글을 꼼꼼히 읽기보다는 전체적인 분위기나 상황 파악 위주로 빠르게 읽어 내려갑니다. 모르는 단어가 있더라도 분위기나 심경 파악에 영향을 주지 않는다면 무시해도 됩니다.

　특히, 글의 중간에 심경이나 분위기의 전환점을 암시하는 단서가 있는지 확인합니다. 예를 들어, However나 But과 같은 역접의 연결사가 있다면 분위기의 전환점으로 볼 수 있기 때문에 연결사를 기점으로 심경이나 분위기의 변화를 파악합니다. 또한, 글에 주인공의 심경이나 분위기를 나타내는 단서가 될 만한 어휘나 표현이 제시되기 때문에 그러한 어휘나 표현에 주목합니다.

　심경이나 분위기를 나타내는 어휘는 상당히 많습니다. 글을 다 읽고도 선택지의 단어를 몰라서 답을 할 수 없는 상황이 생겨서는 안됩니다. 심경이나 분위기 유형에 대비하기 위해서는 평소 꾸준한 단어 학습을 통해 관련 어휘들을 완벽하게 외워두어야 합니다. 독해의 기본은 단어라는 것, 절대 잊지 마세요!

| 심경·분위기 특징 |

❶ 주인공이나 등장인물이 나오는 일화문(에피소드)이다.

❷ 글에 나타난 주인공의 심경이나 분위기의 변화를 파악한다.

❸ 심경·분위기를 나타내는 어휘는 정답의 단서가 되므로 주목한다.

❹ 심경·분위기의 전환점이 되는 역접 연결사(However, But 등)를 찾는다.

19 다음 글에 나타난 Evelyn의 심경 변화로 가장 적절한 것은?

It was Evelyn's first time to explore the Badlands of Alberta, famous across Canada for its numerous dinosaur fossils. As a young amateur bone-hunter, she was overflowing with anticipation. She had not travelled this far for the bones of common dinosaur species. Her life-long dream to find rare fossils of dinosaurs was about to come true. She began eagerly searching for them. After many hours of wandering throughout the deserted lands, however, she was unsuccessful. Now, the sun was beginning to set, and her goal was still far beyond her reach. Looking at the slowly darkening ground before her, she sighed to herself, "I can't believe I came all this way for nothing. What a waste of time!"

① confused → scared
② discouraged → confident
③ relaxed → annoyed
④ indifferent → depressed
⑤ hopeful → disappointed

유형별 실전 풀이

평가 유형 심경 변화

글의 종류 일화문(에피소드)

글의 구조 양괄식

글의 소재 Evelyn의 공룡 화석 탐사

소재 단서 to explore the Badlands of Alberta, famous across Canada for its numerous dinosaur fossils

글의 주제　Evelyn이 공룡 화석을 발견하려는 자신의 꿈이 이루어질 것으로 생각하고 기대했지만, 결국 아무것도 찾지 못하고 실망한다.

주제 단서　she was overflowing with anticipation. / she sighed to herself, "I can't believe I came all this way for nothing. What a waste of time!"

단어·숙어

explore　탐험하다	numerous　수많은
dinosaur　공룡	fossil　화석
bone-hunter　뼈 발굴자	overflow　가득하다
anticipation　기대감	species　종
life-long　일생의	rare　희귀한
eagerly　열심히	search for　찾다
wander　헤매다	deserted　황량한, 버려진
set　(해가) 지다	darkening　어두워지는
sigh　한숨을 쉬다	for nothing　헛되이, 아무 소득 없이

우리말 의미

수많은 공룡 화석으로 캐나다 전역에서 유명한 앨버타주의 Badlands를 탐험하는 것은 Evelyn에게는 처음이었다. 젊은 아마추어 뼈 발굴자로서, 그녀는 기대감으로 가득했다. 그녀는 흔한 공룡 종의 뼈를 위해서 이렇게 멀리까지 이동한 적은 없었다. 희귀한 공룡 화석을 발견하려는 그녀의 일생의 꿈이 막 실현되려던 참이었다. 그녀는 그것들을 열심히 찾기 시작했다. 하지만, 황량한 대지 곳곳을 오랜 시간 헤맨 후에도 그녀는 성공하지 못했다. 이제 해가 지기 시작하고 있었고, 그녀의 목표는 여전히 그녀의 손이 닿지 않는 먼 곳에 있었다. 그녀 앞에서 천천히 어두워지는 지면을 바라보면서 그녀는 혼자 한숨 쉬며 말했다. "내가 이렇게 먼 길을 와서 아무 것도 얻은 것이 없다는 걸 믿을 수가 없어. 무슨 시간 낭비야!"

유형별 정답 분석

심경·분위기 유형은 글의 중간에 심경·분위기 전환의 단서(however)를 확인하고 단서 전후로 주인공의 심경을 나타내는 표현을 찾는다. 글의 전반부에 she was overflowing with anticipation.(그녀는 기대감으로 가득했다.)에서 주인공의 기대하는 심경을 알 수 있고, 후반부 마지막 문장에 she sighed to herself, "I can't believe I came all this way for nothing. What a waste of time!"(그녀는 혼자 한숨 쉬며 말했다. "내가 이렇게 먼 길을 와서 아무 것도 얻은 것이 없다는 걸 믿을 수가 없어. 무슨 시간 낭비야!")에서 얻은 것이 없는 것에 한숨 쉬며 실망한 모습을 보이므로, Evelyn의 심경 변화로 가장 적절한 것은 ⑤ hopeful → disappointed이다.

① 혼란스러운 → 무서워하는

② 낙담한 → 자신감 있는

③ 느긋한 → 짜증난

④ 무관심한 → 우울한

⑤ 기대하는 → 실망한

정답　⑤

TIP_ 심경·분위기 유형 실전 전략

01 글을 읽기 전, 선택지의 어휘를 확인한다. 첫 번째 어휘를 토대로 오답을 먼저 제거한다.

02 심경·분위기의 전환점이 되는 역접 연결사(However, But 등)를 찾고, 연결사를 기점으로 심경·분위기의 변화를 파악한다.

03 정답의 단서가 되는 심경·분위기를 나타내는 어휘를 찾아 선택지와 비교한다.

04 쉬운 유형임에도 선택지의 단어를 몰라서 틀리는 일이 없도록 평소 심경·분위기를 나타내는 필수 어휘에 대한 학습이 선행되어야 한다.

심경을 나타내는 필수 어휘

1. 긍정적 의미

cheerful   쾌활한, 기분좋은

pleased   기뻐하는

amused   즐거워하는, 흥겨운

delighted   아주 기뻐하는

joyous   아주 기뻐하는

excited   신나는, 흥분한

ecstatic   황홀해 하는, 열광하는

fascinated   황홀해 하는

thrilled   황홀해 하는, 아주 흥분한(신이 난)

witty   재치있는

humorous   재미있는, 유머러스한

hilarious   아주 우스운, 재미있는

surprised   놀란

amazed   감탄하는, 놀란

moved   감동받은

touched   감동받은

stunned   크게 감동받은

inspired   영감을 받은

encouraged   용기를 얻은, 고무된

anticipating   기대하는

expectant   기대하는

hopeful   희망에 찬, 기대하는

confident   자신감 있는, 확신하는

curious   궁금한, 호기심이 많은

fearless   대담한

adventurous   모험심이 강한, 모험을 즐기는

relieved   안심하는, 안도하는

relaxed   느긋한, 편안한

comforted   편안한

calm   침착한, 차분한

composed   침착한, 차분한

humble   겸손한

moderate   온건한, 절제하는

grateful   감사하는

thankful   감사하는

contented   만족하는

proud   자랑스러워하는

trustful   믿음직한, 신뢰하는

envious   부러워하는

admiring   감탄하는, 찬양하는

respectful   존중하는, 경의를 표하는

satisfied   만족하는

gratified   만족하는

sympathetic   동정하는, 공감하는

approving   찬성하는

rational   이성적인

2. 부정적 의미

disappointed	실망한	confused	혼란스러운
dissatisfied	불만스러운	embarrassed	당황하는
sorrowful	슬픈	bewildered	당황하는
mournful	슬픈, 애절한	panicked	당황하는, 어쩔 줄 모르는
lonely	외로운	doubtful	의심하는
lonesome	외로운	dubious	의심하는
solitary	고독한	suspicious	의심하는
gloomy	우울한	skeptical	회의적인
depressed	우울한	ironical	풍자적인
melancholy	우울한	satirical	풍자적인
exhausted	지친	sarcastic	풍자적인, 비꼬는
resigned	체념한	cynical	냉소적인
indifferent	무관심한	sardonic	냉소적인
jealous	질투하는	critical	비판적인
concerned	걱정하는, 우려하는	frustrated	좌절하는
anxious	걱정하는	desperate	자포자기한, 필사적인
resentful	분개하는	annoyed	짜증이 난
indignant	분개하는	irritated	짜증이 난
furious	격노하는	nervous	초조해하는, 불안해하는
enraged	격노하는	alarmed	놀란, 불안해하는
outraged	격노하는	astonished	깜짝 놀란
infuriated	격노하는	stunned	망연자실한
guilty	죄책감을 느끼는	fearful	걱정하는, 무서워하는
regretful	후회하는	frightened	무서워하는, 겁먹은
ashamed	부끄러워하는	terrified	무서워하는, 겁먹은
upset	혼란스러운, 속상한	horrified	겁에 질린, 공포감에 질린

분위기를 나타내는 필수 어휘

1. 긍정적 의미

favorable 호의적인, 찬성하는	serene 평온한
merry 명랑한, 즐거운	gratifying 만족감을 주는
joyful 기쁜, 즐거운	moving 감동적인
delightful 매우 기쁜, 몹시 즐거운	touching 감동적인
festive 축제 같은, 흥겨운, 즐거운	impressive 감동적인, 인상적인
lively 활기찬	adventurous 모험적인, 대담한
peaceful 평화로운	humorous 재미있는, 유머러스한

2. 부정적 의미

painful 고통스러운	dull 지루한, 따분한
distressing 고통스러운	tedious 지루한, 따분한
afflicting 고통스러운	monotonous 단조로운, 지루한
agonizing 고통스러운	solemn 엄숙한, 근엄한
tragic 비극적인	grave 심각한, 근엄한
troublesome 곤란한, 성가신	annoying 짜증스러운
tough 힘든	discouraging 낙담시키는
stiff 힘든	mysterious 불가사의한, 기이한
toilsome 힘든, 고된	frightening 공포스러운
demanding 힘든, 부담이 큰	embarrassing 당혹스러운, 난처한
exacting 힘든, 까다로운	tense 긴장된, 긴박한
arduous 몹시 힘든, 고된	urgent 긴급한
strenuous 몹시 힘든, 고된	imminent 임박한
awkward 어색한, 힘든, 곤란한	impending 임박한

13. 글의 주장·요지 (최하)

  글의 주장·요지 유형은 글의 주제를 파악하는 유형으로 논설문의 주장과 설명문의 요지를 파악하는 능력을 평가합니다. 선택지가 우리말이어서 비교적 쉬운 유형에 속합니다. 주제문을 찾는 것이 핵심이므로 첫 문장과 마지막 문장에 주목합니다. 최근 주제 파악을 어렵게 하기 위해서 주제가 글의 중간에 제시되는 중괄식 구조가 사용되므로 글의 중간에도 주제문이 있는지 확인합니다.

  첫 문장은 주제를 제시하거나 최소한 글의 소재라도 제시하기 때문에 매우 중요합니다. 글의 소재를 토대로 주제를 유추하면서 글을 읽습니다. 주장·요지와 이를 뒷받침하는 예시나 설명 등의 근거를 구분하고, 주장·요지에는 밑줄 등 눈에 띄게 표시합니다. 주장·요지는 주제에 해당하기 때문에 정확하게 해석합니다. 특히, 글을 마무리하면서 마지막으로 한 번 더 주장하는 경우가 많기 때문에 마지막 문장을 각별히 유념해서 읽어야 합니다. 마지막 문장이 주제와 같은 논리와 주장을 견지하는지 확인합니다.

| 글의 주장·요지 특징 |

❶ 선택지가 우리말이고, 독해에서 쉬운 유형이다.

❷ 첫 문장에서 소재를 파악하고 소재를 토대로 주제를 유추한다.

❸ 글의 주제를 파악하는 유형으로 첫 문장과 마지막 문장을 유념해서 읽는다.

❹ 최근 중괄식 구조가 많이 쓰이며 난이도가 높아지는 추세이다.

22 다음 글의 요지로 가장 적절한 것은?

Environmental hazards include biological, physical, and chemical ones, along with the human behaviors that promote or allow exposure. Some environmental contaminants are difficult to avoid (the breathing of polluted air, the drinking of chemically contaminated public drinking water, noise in open public spaces); in these circumstances, exposure is largely involuntary. Reduction or elimination of these factors may require societal action, such as public awareness and public health measures. In many countries, the fact that some environmental hazards are difficult to avoid at the individual level is felt to be more morally egregious than those hazards that can be avoided. Having no choice but to drink water contaminated with very high levels of arsenic, or being forced to passively breathe in tobacco smoke in restaurants, outrages people more than the personal choice of whether an individual smokes tobacco. These factors are important when one considers how change (risk reduction) happens.

* contaminate: 오염시키다   ** egregious: 매우 나쁜

① 개인이 피하기 어려운 유해 환경 요인에 대해서는 사회적 대응이 필요하다.
② 환경오염으로 인한 피해자들에게 적절한 보상을 하는 것이 바람직하다.
③ 다수의 건강을 해치는 행위에 대해 도덕적 비난 이상의 조치가 요구된다.
④ 환경오염 문제를 해결하기 위해서는 사후 대응보다 예방이 중요하다.
⑤ 대기오염 문제는 인접 국가들과의 긴밀한 협력을 통해 해결할 수 있다.

평가 유형   글의 요지

글의 종류   논설문

글의 구조   중괄식

글의 소재   개인이 피하기 어려운 환경 위험 요인

소재 단서   Environmental hazards

글의 주제   개인이 피하기 어려운 환경 위험 요인을 줄이거나 제거하기 위해 사회적
                대응이 필요하다.

주제 단서   Reduction or elimination of these factors may require societal action,
                such as public awareness and public health measures.

단어·숙어

hazard 위험(요인)	biological 생물학적인
physical 물리적인	chemical 화학적인
along with~ ~와 함께	promote 촉진시키다, 조장하다
exposure 노출, 접함	contaminant 오염물질
avoid 피하다	contaminate 오염시키다
involuntary 자기도 모르게 하는	reduction 감소
elimination 제거	societal 사회의
action 조치, 행동	awareness 인식
public health 공중 보건	measure 조치
morally 도덕적으로	arsenic 비소
passively 수동적으로	risk 위험
tabacco 담배	outrage 화나게 하다
have no choice but to v v하는 수밖에 없다	

be forced to v   v하지 않을 수 없다

우리말 의미

환경적 위험 요인에는 노출을 촉진시키거나 허용하는 인간의 행동과 함께 생물학적, 물리적, 화학적 위험 요인이 포함된다. (오염된 공기의 흡입, 화학적으로 오염된 공공 식수의 음용, 개방된 공공장소에서의 소음처럼) 일부 환경적 오염 물질은 피하기가 어렵다. 이러한 상황에서 노출은 대체로 자기도 모르게 이루어진다. 이러한 요인의 감소나 제거는 대중의 인식과 공중 보건 조치와 같은 사회적 조치를 요할 수도 있다. 많은 국가에서, 일부 환경적 위험 요인이 개인 수준에서 피하기가 어렵다는 사실이 피할 수 있는 위험 요인들보다도 도덕적으로 더 나쁘게 느껴진다. 매우 높은 수치의 비소로 오염된 물을 마실 수밖에 없는 것이나, 식당에서 담배 연기를 수동적으로 들이마시지 않을 수 없는 것은 개인이 담배를 필지 말지에 대한 개인적 선택보다 사람들을 더 화나게 한다. 사람들이 변화(위험 감소)가 어떻게 일어나는지를 고려할 때 이러한 요인들이 중요하다.

유형별 정답 분석

글의 주장·요지 유형은 글의 주제 파악 유형이므로 첫 문장과 마지막 문장을 유의해서 읽고 주제에 대한 단서를 찾는다. 최근 주제가 글의 중간에 제시되는 중괄식 구조가 많이 사용되므로 유의한다. 첫 문장 Environmental hazards include biological, physical, and chemical ones, along with the human behaviors that promote or allow exposure.(환경적 위험 요인에는 노출을 촉진시키거나 허용하는 인간의 행동과 함께 생물학적, 물리적, 화학적 위험 요인이 포함된다.)에서 소재를 제시하고 글의 중간 문장 Reduction or elimination of these factors may require societal action, such as public awareness and public health measures.(이러한 요인의 감소나 제거는 대중의 인식과 공중 보건 조치와 같은 사회적 조치를 요할 수도 있다.)에서 주제를 제시하고 마지막 문장 These factors are important when one considers how change (risk reduction) happens.(사람들이 변화(위험 감소)가 어

떻게 일어나는지를 고려할 때 이러한 요인들이 중요하다.)으로 마무리하는 구조로, 주제는 '개인이 피하기 어려운 환경 위험 요인을 줄이거나 제거하기 위해 사회적 대응이 필요하다.'는 것이므로, 글의 요지로 가장 적절한 것은 ① 개인이 피하기 어려운 유해 환경 요인에 대해서는 사회적 대응이 필요하다.이다.

정답 ①

14. 함축적 의미 (하)

  함축적 의미 유형은 글의 주제와 흐름을 파악하고 은유적 표현을 이해하는 능력을 평가합니다. 밑줄 친 부분은 글의 주제와 관련이 있으므로 글의 주제를 파악하는 것이 우선입니다. 주제는 글의 처음과 마지막에 오는 경우가 많으므로 첫 문장과 마지막 문장을 주목합니다. 최근 주제 파악을 어렵게 하기 위해서 주제가 글의 중간에 제시되는 중괄식 구조가 자주 사용되므로 유의합니다.

  함축적 의미 유형은 글의 주제 유형에 비해 학생들이 난해하게 느끼는 경우가 많습니다. 글의 주제 유형은 주제가 명시적으로 표현되지만 함축적 의미 유형은 밑줄 친 부분이 비유적이거나 은유적으로 표현되기 때문에 명확한 의미를 파악하기가 힘듭니다. 주제를 파악할 수 있는 논리력과 더불어 은유적 표현을 이해하고 글의 행간을 읽을 수 있는 문학적 상상력이 필요합니다.

| 함축적 의미 특징 |

❶ 함축적 의미 유형부터 선택지가 영어이고, 독해 난이도가 높아진다.

❷ 글을 읽고 밑줄 친 부분의 함축적 의미를 파악한다.

❸ 밑줄 친 부분은 주제와 관련이 있으므로 글의 주제를 먼저 파악한다.

❹ 함축적 의미는 은유적 표현이므로 행간의 의미를 파악한다.

21 밑줄 친 whether to make ready for the morning commute or not이 다음 글에서 의미하는 바로 가장 적절한 것은? [3점]

Scientists have no special purchase on moral or ethical decisions; a climate scientist is no more qualified to comment on health care reform than a physicist is to judge the causes of bee colony collapse. The very features that create expertise in a specialized domain lead to ignorance in many others. In some cases lay people – farmers, fishermen, patients, native peoples – may have relevant experiences that scientists can learn from. Indeed, in recent years, scientists have begun to recognize this: the Arctic Climate Impact Assessment includes observations gathered from local native groups. So our trust needs to be limited, and focused. It needs to be very *particular*. Blind trust will get us into at least as much trouble as no trust at all. But without some degree of trust in our designated experts – the men and women who have devoted their lives to sorting out tough questions about the natural world we live in – we are paralyzed, in effect not knowing whether to make ready for the morning commute or not.

* lay: 전문가가 아닌   ** paralyze: 마비시키다   *** commute: 통근

① questionable facts that have been popularized by non-experts

② readily applicable information offered by specialized experts

③ common knowledge that hardly influences crucial decisions

④ practical information produced by both specialists and lay people

⑤ biased knowledge that is widespread in the local community

평가 유형 함축적 의미

글의 종류 논설문

글의 구조 미괄식

글의 소재 과학자들의 전문 지식에 대한 신뢰

소재 단서 expertise in a specialized domain

글의 주제 과학자들에 대한 신뢰는 제한적이고 집중될 필요가 있지만 그들의 전문
지식에 대한 어느 정도의 신뢰는 필요하다.

주제 단서 So our trust needs to be limited, and focused. / But without some
degree of trust in our designated experts~we are paralyzed, in effect
not knowing whether to make ready for the morning commute or
not.

단어 · 숙어

purchase	강점	moral	도덕적인
ethical	윤리적인	qualified	자격이 있는
comment	논하다, 언급하다	health care reform	의료 개혁
physicist	물리학자	colony	집단, 군체
collapse	붕괴, 와해	feature	특징
expertise	전문 지식	domain	영역
ignorance	무지	lay people	(전문가가 아닌) 평범한 사람들
relevant	관련된	Arctic	북극의
assessment	평가	observation	관찰
blind	맹목적인	designate	지정하다
devote	바치다	sort out	해결하다, 분류하다

paralyze 마비시키다   commute 통근

우리말 의미

과학자들은 도덕적이거나 윤리적 결정에 대한 특별한 강점이 없다. 기후 과학자가 의료 개혁에 대해 논할 자격이 없는 것은 물리학자가 꿀벌 집단의 붕괴 원인을 판단할 자격이 없는 것과 같다. 전문화된 영역의 전문 지식을 만들어 내는 바로 그 특징들이 많은 다른 영역에서의 무지로 이어진다. 어떤 경우에는, 농부, 어부, 환자, 토착민과 같은 전문가가 아닌 평범한 사람들이 과학자들이 오히려 배울 수 있는 관련 경험을 가지고 있을지도 모른다. 실제로, 최근에 과학자들은 이 점을 막 인식하기 시작했다. 북극 기후 영향 평가는 지역 토착민 집단으로부터 수집된 관찰을 포함하고 있다. 그래서 우리의 신뢰는 제한적이고 집중될 필요가 있다. 그것은 매우 *특정할* 필요가 있다. 맹목적 신뢰는 적어도 신뢰가 전혀 없는 것만큼이나 우리로 하여금 많은 문제에 직면하게 할 것이다. 하지만 우리가 사는 자연 세계에 관한 어려운 질문들을 해결하는 데 생애를 바친 남녀들인 우리의 지정된 전문가들에 대한 어느 정도의 신뢰가 없다면, 우리는 마비되어, 사실상 <u>아침 통근 준비를 할지 말지도</u> 알지 못한다.

유형별 정답 분석

함축적 의미 유형은 글의 주제와 흐름을 파악하고 밑줄 친 부분의 은유적이거나 비유적 표현을 이해해야 한다. 글을 전체적으로 읽으면서 첫 문장과 마지막 문장에 유의하며 주제를 파악한다. 최근 주제 파악을 어렵게 하기 위해 주제를 글의 가운데 제시하는 중괄식 구조가 많이 사용된다. 첫 문장인 Scientists have no special purchase on moral or ethical decisions.(과학자들은 도덕적이거나 윤리적 결정에 대한 특별한 강점이 없다.)에서 글의 소재가 제시되고, 중간 문장인 So our trust needs to be limited, and focused.(그래서 우리의 신뢰는 제한적이고 집중될 필요가 있다.)와 마지막 부분인 But without some degree of trust in our designated experts~we are paralyzed, in effect not knowing <u>whether to make ready for</u>

the morning commute or not.(하지만 우리의 지정된 전문가들에 대한 어느 정도의 신뢰가 없다면, 우리는 마비되어, 사실상 아침 통근 준비를 할지 말지도 알지 못한다.)에서 주제를 확인할 수 있다. 글의 내용은 '과학자들의 전문 지식에 대한 신뢰는 제한적이고 집중되어야 하며 맹목적 신뢰나 불신도 위험한 것이기 때문에 어느 정도의 신뢰는 필요하다'는 것이므로, 어느 정도의 신뢰가 없다면 아침 통근 준비를 할지 말지도 알지 못한다는 부분에서 아침 통근 준비를 할지 말지는 맥락상 '과학자(전문가)들이 기여한 것'을 의미해야 하므로, 밑줄 친 부분이 글에서 의미하는 바로 가장 적절한 것은 ② readily applicable information offered by specialized experts이다.

① 비전문가에 의해 보급된 의심스러운 사실
② 전문화된 전문가들에 의해 제공된 쉽게 적용할 수 있는 정보
③ 중차대한 결정에 거의 영향을 주지 않는 일반 지식
④ 전문가와 전문가가 아닌 사람들 모두에 의해 생산된 실용적인 지식
⑤ 지역 공동체에 널리 퍼져 있는 편향된 지식

정답   ②

TIP_ 함축적 의미 유형 실전 전략

01. 함축적 의미 유형부터 선택지가 영어이고, 독해 난이도가 높아진다.

02. 밑줄 친 부분은 주제와 관련이 있으므로 주제 파악이 우선이다. 특히, 밑줄 친 부분이 문장의 처음이나 끝에 있을 경우, 주제문일 확률이 높다.

03. 첫 문장에서 글의 주제나 소재를 파악하고, 소재를 토대로 주제를 유추한다.

04. 주제와 주제에 대한 근거 (예시, 설명 등)로 구분하고, 주제문에 밑줄 표시한다.

05. 최근 중괄식 구조가 많이 쓰이므로, 글의 중간에도 주제문이 있는지 확인한다.

06. 마지막 문장이 주제와 일관되는지 확인하고, 밑줄 친 부분의 함축적 의미를 파악한다.

07. 함축적 의미는 은유적, 비유적 표현이므로 문학적 상상력을 발휘한다.

15. 글의 주제·제목 (하)

    글의 주제·제목 유형은 글의 중심내용, 즉 주제를 파악하는 능력을 평가합니다. 글의 주제와 제목은 표현상의 차이가 있을 뿐 같은 유형으로 볼 수 있습니다. 제목은 표기법에 따라 단어의 첫 글자를 대문자로 표기하고, 보다 은유적이거나 비유적으로 표현될 수 있습니다.

    글의 주제·제목 유형은 주제문을 찾는 것이 핵심입니다. 주제는 글의 처음과 마지막에 오는 경우가 많으므로 첫 문장과 마지막 문장을 주목합니다. 첫 문장은 주제를 제시하거나 최소한 글의 소재라도 제시하기 때문에 매우 중요합니다. 글의 소재를 확인한 후에는 소재를 토대로 주제를 유추합니다. 주제문과 주제를 뒷받침하는 예시나 설명 등의 근거 문장으로 구분하고 주제문에 밑줄 등 눈에 띄게 표시한 후 정확하게 해석합니다.

    최근 주제 파악을 어렵게 하기 위해서 주제가 글의 중간에 제시되는 중괄식 구조가 자주 사용되므로 글의 중간에 주제문이 있는지 확인합니다. 특히, 주제문으로 글을 마무리하는 경우가 많으므로 마지막 문장이 글의 주제와 논리가 일치하는지 확인합니다. 주제는 전체 글의 내용을 포함해야 하므로 너무 구체적이거나 지엽적이어서는 안 됩니다. 또한, 글의 내용과 상관없는 과잉 추론이나 과잉 일반화에 의한 내용도 주제로 적합하지 않으므로 유의합니다.

| 글의 주제·제목 특징 |

❶ 글의 주제나 제목을 파악한다.

❷ 글의 주제와 제목으로 표현되는 차이일 뿐 주제 파악 유형이다.

❸ 글의 제목이 주제보다 은유적이거나 비유적으로 표현된다.

23 다음 글의 주제로 가장 적절한 것은? [3점]

Scientists *use* paradigms rather than believing them. The use of a paradigm in research typically addresses related problems by employing shared concepts, symbolic expressions, experimental and mathematical tools and procedures, and even some of the same theoretical statements. Scientists need only understand *how* to use these various elements in ways that others would accept. These elements of shared practice thus need not presuppose any comparable unity in scientists' beliefs about what they are doing when they use them. Indeed, one role of a paradigm is to enable scientists to work successfully without having to provide a detailed account of what they are doing or what they believe about it. Thomas Kuhn noted that scientists "can agree in their *identification* of a paradigm without agreeing on, or even attempting to produce, a full *interpretation* or *rationalization* of it. Lack of a standard interpretation or of an agreed reduction to rules will not prevent a paradigm from guiding research."

① difficulty in drawing novel theories from existing paradigms

② significant influence of personal beliefs in scientific fields

③ key factors that promote the rise of innovative paradigms

④ roles of a paradigm in grouping like-minded researchers

⑤ functional aspects of a paradigm in scientific research

평가 유형   글의 주제

글의 종류   설명문(기초 학술문)

글의 구조   중괄식

글의 소재   연구에서 패러다임의 사용

소재 단서   The use of a paradigm in research

글의 주제   과학자들의 연구를 이끌고 성공하게 하는 패러다임의 연구에서의 사용
            과 역할

주제 단서   one role of a paradigm is to enable scientists to work successfully
            without having to provide a detailed account of what they are doing
            or what they believe about it.

단어·숙어

paradigm	패러다임	research	연구
typically	일반적으로	address	다루다
employ	사용하다	concept	개념
symbolic	상징적인	procedure	절차
theoretical	이론적인	statement	진술
element	요소	accept	받아들이다
presuppose	전제로 하다	comparable	유사한, 비슷한
unity	통일성	enable	할 수 있게 하다
detailed	자세한	account	설명
note	언급하다	identification	식별, 확인
attempt	시도하다	interpretation	해석
rationalization	이론적 설명	lack	부족

reduction 축약, 축소   guide 안내하다, 이끌다

prevent A from ~ing   A를 ~하지 못하게 하다, 막다

우리말 의미

과학자들은 패러다임을 믿기보다는 패러다임을 *사용*한다. 연구에서 패러다임의 사용은 보통 공유된 개념, 상징적 표현, 실험적이고 수학적인 도구와 절차, 그리고 심지어 똑같은 이론적 진술의 일부를 사용함으로써 관련된 문제들을 다룬다. 과학자들은 다른 사람들이 받아들일 만한 방식으로 이러한 다양한 요소들을 사용하는 *방법*을 이해하기만 하면 된다. 따라서, 이러한 공유된 실행 요소들은 과학자들이 그것들을 사용할 때 그들이 하고 있는 것에 관한 그들의 믿음에 있어서 어떠한 유사한 통일성도 전제로 할 필요는 없다. 실제로, 패러다임의 한 가지 역할은 과학자들이 하고 있는 것이나 그것에 대해 믿고 있는 것에 대한 자세한 설명을 제공할 필요 없이도 과학자들이 성공적으로 일할 수 있게 하는 것이다. Thomas Kuhn이 언급하기를, 과학자들은 "그것(패러다임)에 대한 완전한 *해석*이나 *이론적 설명*에 동의하거나 만들려는 시도조차 하지 않고도, 패러다임을 *식별*하는 데 있어서는 동의할 수 있다. 표준적 해석이나 합의되고 축약된 규칙의 부족이 패러다임이 연구를 안내하는 것을 막지는 못할 것이다."

유형별 정답 분석

글의 주제·제목 유형은 주제 파악 유형으로 첫 문장과 마지막 문장에 유의하여 주제를 파악한다. 최근 주제 파악을 어렵게 하기 위해서 중괄식 구조가 많이 사용되고 있으며, 이 글도 중괄식 구조이다. 첫 문장인 Scientists use paradigms rather than believing them.(과학자들은 패러다임을 믿기보다는 패러다임을 사용한다.)에서 글의 소재를 제시하고, 중간 문장 one role of a paradigm is to enable scientists to work successfully without having to provide a detailed account of what they are doing or what they believe about it.(패러다임의 한 가지 역할은 과학자들이 하고 있는 것이나 그것에 대해 믿고 있는 것에 대한 자세한 설명을 제공할 필요 없

이도 과학자들이 성공적으로 일할 수 있게 하는 것이다.)에서 주제를 제시하고 마지막 문장 ~will not prevent a paradigm from guiding research."(~은 패러다임이 연구를 안내하는 것을 막지는 못할 것이다.")에서 마무리하는 구조로서, 글의 주제는 '과학자들의 연구를 안내하고 성공하게 하는 패러다임의 연구에서의 사용과 역할'이므로, 글의 주제로 가장 적절한 것은 ⑤ functional aspects of a paradigm in scientific research이다.

① 기존의 패러다임으로부터 새로운 이론을 도출하는 데 있어서의 어려움
② 과학 분야에서 개인 신념의 상당한 영향력
③ 혁신적 패러다임의 출현을 고취하는 핵심 요인
④ 생각이 비슷한 연구원들을 분류하는 데 있어서 패러다임의 역할
⑤ 과학 연구에서 패러다임의 기능적 측면

정답 ⑤

TIP_ 글의 주제·제목 유형 실전 전략

01 주제 파악 유형으로 제목은 첫 글자를 대문자로 표기하고 은유적이거나 비유적으로 표현된다.

02 첫 문장에서 주제나 소재를 파악한다. 첫 문장에 주제가 제시되지 않은 경우, 소재를 통해 주제를 유추한다.

03 주제문과 근거문(예시, 설명 등)으로 구분하고 주제문에 밑줄 표시한 후 정확하게 해석한다.

04 최근 중괄식 구조가 많이 쓰이므로, 글의 중간에도 주제문이 있는지 확인한다.

05 마지막에 주제문으로 끝나는 경우가 많으므로, 마지막 문장이 주제와 일치하는지 확인한다.

16. 어법 정확성 (하)

어법 정확성 유형은 글의 의미보다는 정확한 형태를 파악하는 능력을 평가합니다. 따라서, 글의 내용과 의미를 파악하기보다는 구문 분석을 통한 어법상 오류를 확인하는 것이 중요합니다. 어법상 오류의 유형은 크게 두 가지로 나눌 수 있습니다. 첫 번째는 문장의 의미와 관계없이 기계적으로 어법상 오류를 파악할 수 있는 경우이고, 두 번째는 문장의 의미에 따라 어법상 오류를 파악할 수 있는 경우입니다.

대부분의 경우에는 전자에 해당하므로 구문 분석만으로도 어법상 오류를 파악할 수 있습니다. 하지만, 최근 영어 교육의 트렌드는 언어의 형태보다는 의미에 중점을 두고 있기 때문에 후자의 경우처럼 어법 정확성 문항에 있어서도 단순히 기계적인 형태보다는 의미에 따른 올바른 형태를 묻는 추세입니다. 이런 경우 먼저 앞뒤 문장을 통해 글의 맥락을 파악한 후 문장의 정확한 의미를 파악해야 단어의 올바른 형태를 판단할 수 있습니다.

자주 출제되는 어법으로는 동사의 형태(수일치, 태, 시제, 병렬구조), 분사구문, 관계사(관계대명사, 관계부사)의 쓰임, 접속사 that과 관계사 that의 쓰임, 형용사와 부사의 쓰임, 대명사의 수일치 등이 있습니다. 이 중에서도 동사의 형태와 관계사는 매년 출제될 정도로 출제 빈도가 높기 때문에 반드시 대비해야 합니다. 기출 문제 풀이를 통해 빈출 어법에 대한 연습을 충분히 함으로써 실전에서 문제를 보자마자 어떤 어법에 대한 문제인지 직관적으로 판단할 수 있어야 합니다.

| 어법 정확성 특징 |

❶ 수능 영어 영역 45문항, 독해 28 문항 중 1문항 출제된다.

❷ 내용보다는 구문을 정확히 분석하여 어법상 오류를 파악한다.

❸ 빈출 어법에 대한 선행 학습이 필요하다.

| 예제 2022학년도 수능 영어 영역 29번 |

29 다음 글의 밑줄 친 부분 중, 어법상 틀린 것은? [3점]

Like whole individuals, cells have a life span. During their life cycle (cell cycle), cell size, shape, and metabolic activities can change dramatically. A cell is "born" as a twin when its mother cell divides, ① producing two daughter cells. Each daughter cell is smaller than the mother cell, and except for unusual cases, each grows until it becomes as large as the mother cell ② was. During this time, the cell absorbs water, sugars, amino acids, and other nutrients and assembles them into new, living protoplasm. After the cell has grown to the proper size, its metabolism shifts as it either prepares to divide or matures and ③ differentiates into a specialized cell. Both growth and development require a complex and dynamic set of interactions involving all cell parts. ④ What cell metabolism and structure should be complex would not be surprising, but actually, they are rather simple and logical. Even the most complex cell has only a small number of parts, each ⑤ responsible for a distinct, well-defined aspect of cell life.

* metabolic: 물질대사의   ** protoplasm: 원형질

평가 유형　어법 정확성

글의 종류　설명문(기초 학술문)

글의 구조　중괄식

글의 소재　세포 분열

글의 소재　cell cycle

글의 주제　세포는 분열을 통해 성장과 발달을 한다.

글의 주제　After the cell has grown to the proper size, its metabolism shifts as it either prepares to divide or matures and ③ differentiates into a specialized cell.

단어·숙어

individual　개체	life span　수명
life cycle　생명(생애) 주기	dramatically　극적으로
divide　분열하다	absorb　흡수하다
amino acid　아미노산	nutrient　영양소
assemble　조합하다, 합치다	metabolism　신진대사
shift　변하다	mature　성숙하다
differentiate　분화하다	specialized　특화된
complex　복잡한	dynamic　역동적인
a set of　일련의	interaction　상호작용
logical　논리적인	distinct　뚜렷한
well-defined　명확한	aspect　측면

전체 개체와 마찬가지로, 세포도 수명이 있다. 그것의 생명 주기(세포 주기) 동안 세포 크기, 모양, 물질대사 활동이 극적으로 변할 수 있다. 세포는 모세포가 분열해서 두 개의 딸세포를 ① 만들 때 쌍둥이로 "태어난다". 각각의 딸세포는 모세포보다 더 작으며, 특이한 경우를 제외하고는 각각 모세포가 ② 컸던 만큼 커질 때까지 자란다. 이 기간 동안 세포는 물, 당, 아미노산, 그리고 다른 영양소들을 흡수하고 그것들을 새로운 살아있는 원형질로 조합한다. 세포가 적절한 크기까지 성장한 후에는 분열할 준비를 하거나 혹은 성숙하여 특화된 세포로 ③ 분화하면서 물질대사가 변한다. 성장과 발달 둘 다 모든 세포 부분을 포함하는 일련의 복잡하고 역동적인 상호작용을 요한다. 세포의 물질대사와 구조가 복잡하다는 ④ 것은 놀랍지 않겠지만, 실제로 그것들은 오히려 간단하고 논리적이다. 심지어는 가장 복잡한 세포조차도 단지 소수의 부분만을 가지고 있고, 각 부분은 세포 생명의 뚜렷하고, 명확한 측면을 ⑤ 담당한다.

유형별 정답 분석

어법 정확성 유형에서 가장 빈출되는 어법은 동사와 관계사이므로 반드시 숙지한다. ④ What cell metabolism and structure should be complex~(세포의 물질대사와 구조가 복잡하다는 것은~)이 '~라는 것'이라는 의미의 주어 역할을 하는 명사절이고 What 이후가 완전한 절이므로 관계대명사 What 대신 접속사 That이 쓰여야 하므로, 어법상 틀린 것은 ④ What이다.

① producing (O) (분사구문: producing~은 and the cell produces~의 분사구문이다.)
② was (O) (대동사: ~as the mother cell was.는 ~as the mother cell was large에서 large가 생략된 be동사의 대동사 구문이다.)
③ differentiates (O) (동사의 수일치: ~it either prepares to divide or matures and differentiates ~는 'either A or B' 구문으로 A와 B에 오는 말은 병렬 구조를 이루어야 하고 prepares와 마찬가지로 matures and differentiates도 동사구 병렬 구조이다.)

④ <u>What</u> (X): → That (O) (관계대명사 What과 접속사 That의 쓰임)

⑤ <u>responsible</u> (O) (분사구문: each responsible for ~은 each being responsible for~에서 being이 생략된 분사구문으로 절로 표현하면 and each (part) is responsible for ~이므로 형용사 responsible의 쓰임은 적절하다.)

정답   ④

TIP_ 어법 정확성 유형 실전 전략

01 3점 배점인 경우가 많고, 다른 3점 문항보다 쉽고 시간도 적게 들어 가성비 높은 문항이다.

02 대부분 내용을 파악할 필요가 없고, 구문 분석을 통해 어법상 오류를 파악한다.

03 최근 의미와 형태를 연계한 어법이 많이 출제되므로, 이 경우 전후 맥락으로 파악한 문장의 의미에 따라 단어의 올바른 형태를 판단한다.

04 어법 정확성 빈출 어법에 대해 완벽히 대비한다.

- 동사의 형태(수일치, 태, 시제, 병렬구조)
- 분사구문의 형태와 쓰임
- 관계대명사(which, who(m), that, what)의 쓰임
- 관계부사(when, where, how, why)의 쓰임
- 접속사 that과 관계대명사 that의 쓰임
- 형용사와 부사의 쓰임
- 대명사의 수일치, 재귀대명사 용법

17. 어휘 적절성 (하)

　어휘 적절성 유형은 글의 문맥상 적절한 어휘를 파악하는 능력을 평가합니다. 맥락에 맞는 어휘를 판별하기 위해서는 논리적으로 글을 읽고 이해해야 합니다. 좋은 글은 통일성(unity), 응집성(cohesion), 일관성(coherence)을 갖춘 글입니다. 글의 전체적인 내용이 자연스럽게 이어지는지, 글의 전후 맥락이 논리적이고 일관적인지 판단하여 통일성, 응집성, 일관성에서 적절하지 않은 낱말을 고르면 됩니다.

　선택지의 어휘는 주제와 관련이 있고 글의 맥락을 통해 논리적으로 옳고 그름이 판별 가능한 낱말입니다. 특히, 문맥상 쓰임이 적절하지 않은 낱말의 경우에는 문맥상 쓰임이 적절한 낱말의 반의어로 제시되는 경우가 많습니다. 따라서, 선택지 중에서 중립적인 의미의 낱말은 정답일 가능성이 낮고, 논리적 모순을 명확하게 판단할 수 있는 낱말이 정답일 가능성이 높습니다.

　문맥상 낱말의 적절성 여부를 판단하기 위해서는 글의 내용이 어느 정도 파악되고 전후 맥락이 필요하기 때문에 선택지 중에서 ①, ⑤번이 정답이 되기는 어렵습니다. 따라서, 어휘 적절성 유형의 경우에는 ②, ③, ④번 중에 정답이 있을 가능성이 높고, 그 중에서도 ④, ③, ②번 순으로 정답 확률이 높아 보입니다.

| 어휘 적절성 특징 |

❶ 글의 내용과 논리적 흐름을 파악한다.

❷ 글의 흐름상 논리적으로 모순되는 낱말을 고른다.

❸ 문맥상 적절하지 않은 낱말은 문맥상 적절한 낱말의 반의어로 제시된다.

30 다음 글의 밑줄 친 부분 중, 문맥상 낱말의 쓰임이 적절하지 <u>않은</u> 것은?

It has been suggested that "organic" methods, defined as those in which only natural products can be used as inputs, would be less damaging to the biosphere. Large-scale adoption of "organic" farming methods, however, would ① <u>reduce</u> yields and increase production costs for many major crops. Inorganic nitrogen supplies are ② <u>essential</u> for maintaining moderate to high levels of productivity for many of the non-leguminous crop species, because organic supplies of nitrogenous materials often are either limited or more expensive than inorganic nitrogen fertilizers. In addition, there are ③ <u>benefits</u> to the extensive use of either manure or legumes as "green manure" crops. In many cases, weed control can be very difficult or require much hand labor if chemicals cannot be used, and ④ <u>fewer</u> people are willing to do this work as societies become wealthier. Some methods used in "organic" farming, however, such as the sensible use of crop rotations and specific combinations of cropping and livestock enterprises, can make important ⑤ <u>contributions</u> to the sustainability of rural ecosystems.

* nitrogen fertilizer: 질소 비료   ** manure: 거름   *** legume: 콩과(科) 식물

유형별 실전 풀이

평가 유형   어휘 적절성

글의 종류   논설문

글의 구조   미괄식

글의 소재　유기농 경작 방식

소재 단서　"organic" methods

글의 주제　유기농 경작 방식은 생산비 증가와 잡초 방제의 어려움과 같은 단점이
　　　　　있지만, "유기농" 경작에서 사용되는 몇 가지 방식들은 농촌 생태계의 지
　　　　　속가능성에 중요한 기여를 할 수 있다.

주제 단서　Some methods used in "organic" farming, however, such as the
　　　　　sensible use of crop rotations and specific combinations of cropping
　　　　　and livestock enterprises, can make important ⑤ contributions to
　　　　　the sustainability of rural ecosystems.

단어·숙어

organic　유기농의	define　정의하다
input　투입물	damaging　해로운
biosphere　생물권	lage-scale　대규모의
production cost　생산 비용	major　주요한
adoption　채택	yield　산출량, 수확물
crop　작물, 경작하다	inorganic　무기질의
nitrogen　질소	moderate　중간의
productivity　생산성	crop　작물
species　종	extensive　광범위한
fertilizer　비료	benefit　이점
weed　잡초	weed control　잡초 방제
sensible　합리적인	crop rotation　윤작, 돌려짓기
specific　특정한	combination　조합
cropping　경작	livestock　가축
enterprise　기업, 산업	sustainability　지속가능성

ecosystem　생태계

non-leguminous　비콩과의, 콩과에 속하지 않는

nitrogenous material　질소 물질

우리말 의미

자연적인 제품들만 투입물로 사용될 수 있는 방식으로 정의되는 "유기농" 방식은 생물권에 덜 해롭다고 시사되어 왔다. 그러나 "유기농" 경작 방식의 대규모 채택은 많은 주요 작물의 수확량을 ① 감소시키고 생산비용을 증가시킬 것이다. 질소 물질의 유기적 공급이 종종 무기 질소 비료보다 제한적이거나 더 비싸기 때문에 무기 질소의 공급은 많은 비콩과 작물 종의 생산성을 중간에서 높은 수준까지 유지하는 데 ② 필수적이다. 게다가, "녹색(친환경) 거름" 작물로서 거름이나 콩과 식물의 광범위한 사용에는 ③ 이점(→ 단점, 제약)이 있다. 많은 경우에, 만약 화학 물질이 사용될 수 없다면 잡초 방제가 매우 어렵거나 많은 손 노동을 요할 수 있고, 사회가 더 부유해짐에 따라 이 일을 기꺼이 하려는 사람은 ④ 더 적을 것이다. 그러나 돌려짓기의 합리적인 활용과 경작과 가축 산업의 특정한 조합과 같이 "유기농" 경작에서 사용되는 몇가지 방식들은 농촌 생태계의 지속가능성에 중요한 ⑤ 기여를 할 수 있다.

유형별 정답 분석

어휘 적절성 유형은 글의 논리적 흐름을 파악하는 문항으로 정답은 논리적으로 판단 가능한 어휘여야 하고, 문항 제작 원리상 ④, ③, ②번 순으로 정답 확률이 높다. 글의 흐름 파악을 위해 연결사(however 등)에 유의한다. 글의 처음과 끝에 유기농 경작의 긍정적인 면을 언급하고 있고, 연결사(however) 두 곳을 기점으로 논리적 흐름이 바뀌는 것에 주목해야 한다. 따라서, 연결사(however) 두 곳 사이에는 논리적으로 유기농 경작의 부정적인 면이 언급되어야 하기 때문에 ③ benefits(이점)은 문맥상 적절하지 않다. 또한, ③ benefits 다음 문장에서 친환경(유기농) 거름 사용으로 인한 잡초 방제의 어려움이 언급되고 있으므로, "녹색(친환경) 거름" 작물로서 거름이나 콩과 식물의 광범위한 사용의 이점(benefits) 대신에 이점(benefits)의 반의어

인 단점(disadvantages)이나 제약(constraints)이 문맥상 적절하므로, 문맥상 낱말의 쓰임이 적절하지 않은 것은 ③ benefits이다.

정답   ③

TIP_ 어휘 적절성 유형 실전 전략

01 글의 흐름을 파악하여 논리적으로 모순되는 낱말을 찾는다.

02 문맥상 쓰임이 적절하지 않은 낱말은 주제와 관련이 있고, 문맥상 적절한 낱말의 반의어로 제시된다.

03 논리적 모순을 판단하기 어려운 중립적인 의미의 낱말은 정답 가능성이 낮다.

04 글의 내용이 어느 정도 파악되고 전후 맥락이 필요하기 때문에 ①, ⑤번은 정답 가능성이 낮다. ②, ③, ④번이 정답 가능성이 높고, ④, ③, ②번 순으로 정답 확률이 높다.

18. 장문 독해(1) (중) - 글의 제목/어휘 적절성

   장문 독해 유형은 1지문 다문항 유형입니다. 가성비가 높기 때문에 어려운 유형보다 먼저 해결하는 것이 효율적입니다. 그 이유는 장문 독해(1), (2)의 지문의 길이가 1지문 1문항 지문 2, 3개를 각각 합한 것보다 짧아서 읽는 시간이 적게 걸리고, 2, 3문항을 동시에 해결할 수 있어서 풀이 시간이 단축되며, 문항 난이도가 낮아서 득점에 유리하기 때문입니다. 즉, 같은 시간에 빈칸 추론과 같은 어려운 1지문 1문항보다 장문 독해 유형을 풀었을 때 더 높은 점수를 얻을 수 있습니다. 따라서 지문의 길이에 압도되지 않고 전략적으로 해결한다면 고득점에 유리한 유형입니다.

   장문 독해는 장문 독해(1), 장문 독해(2) 두 가지 유형으로 나뉩니다. 장문 독해(1)은 1지문 2문항으로 글의 제목과 어휘 적절성 세트 문항입니다. 지문을 읽을 때 글의 전체적인 내용을 이해하는데 중점을 두면서 글의 주제와 논리적 흐름을 파악하는 것이 중요합니다. 글의 도입 부분인 첫 문장에서 글의 소재와 주제가 제시되고, 마지막 문장에서 주제로 마무리하는 경우가 많기 때문에 글을 읽을 때 첫 문장과 마지막 문장에 유의합니다.

   글의 제목 문항은 주제를 파악하여 다소 비유적이거나 은유적으로 표현된 제목을 고르면 됩니다. 자세한 유형별 실전 전략은 글의 주제·제목 유형편에서 확인할 수 있습니다. 어휘 적절성 문항은 글의 문맥에 맞는 적절한 어휘를 파악하는 문항입니다. 맥락에 맞는 어휘를 판별하기 위해서는 글을 논리적으로 읽어야 하고 전후 맥락을 통해 논리적으로 모순된 낱말을 고르면 됩니다. 보다 자세한 유형별 실전 전략은 어휘 적절성 유형편을 참고해 주세요.

❶ 1지문 2문항으로 글의 제목과 어휘 적절성 세트 문항이다.

❷ 글의 주제와 논리적 흐름을 파악한다.

❸ 글의 제목은 첫 문장과 끝 문장에 유의하여 주제를 파악한다.

❹ 어휘 적절성은 맥락상 논리적으로 모순되는 낱말을 파악한다.

| 예제 | **2022학년도 수능 영어 영역 41~42번** |

41~42 다음 글을 읽고, 물음에 답하시오.

Classifying things together into groups is something we do all the time, and it isn't hard to see why. Imagine trying to shop in a supermarket where the food was arranged in random order on the shelves: tomato soup next to the white bread in one aisle, chicken soup in the back next to the 60-watt light bulbs, one brand of cream cheese in front and another in aisle 8 near the cookies. The task of finding what you want would be (a)time-consuming and extremely difficult, if not impossible.

In the case of a supermarket, someone had to (b)design the system of classification. But there is also a ready-made system of classification embodied in our language. The word "dog," for example, groups together a certain class of animals and distinguishes them from other animals. Such a grouping may seem too (c)abstract to be called a classification, but this is only because you have already mastered the word. As a child learning to speak, you had to work hard to (d)learn the system of classification your parents were trying to teach you. Before you got the hang of it, you probably made mistakes, like calling the cat a dog. If you hadn't learned to speak, the whole world would seem like the (e)unorganized supermarket; you would be in the position of an infant, for whom every object is new and unfamiliar. In learning the principles of classification, therefore, we'll be learning about the structure that lies at the core of our language.

41 윗글의 제목으로 가장 적절한 것은?

① Similarities of Strategies in Sales and Language Learning

② Classification: An Inherent Characteristic of Language

③ Exploring Linguistic Issues Through Categorization

④ Is a Ready-Made Classification System Truly Better?

⑤ Dilemmas of Using Classification in Language Education

42 밑줄 친 (a)~(e) 중에서 문맥상 낱말의 쓰임이 적절하지 않은 것은?

① (a)　　　　② (b)　　　　③ (c)　　　　④ (d)　　　　⑤ (e)

평가 유형	장문 독해(1) (글의 제목/어휘 적절성)
글의 종류	설명문(기초 학술문)
글의 구조	중괄식, 미괄식

글의 소재	그룹으로 분류하는 것
소재 단서	Classifying things together into groups
글의 주제	언어에는 분류적 특성이 내재되어 있으며 분류의 원리는 언어의 핵심 구조이다.
주제 단서	But there is also a ready-made system of classification embodied in our language. / In learning the principles of classification, therefore, we'll

be learning about the structure that lies at the core of our language.

classify 분류하다	arrange 배열하다
random 마구잡이의, 임의의	shelf 진열대, 선반(pl. shelves)
aisle 통로	light bulb 백열 전구
time-consuming 시간이 많이 걸리는	ready-made 기성의, 이미 만들어진
embody 포함하다, 구현하다	abstract 추상적인
master 숙달하다	get the hang of~ ~을 이해하다
unorganized 정돈되지 않은	infant 유아
unfamiliar 낯선	principle 원리
core 핵심	

우리말 의미

사물들을 함께 그룹으로 분류하는 것은 우리가 항상 하는 일이며, 왜 그러는지 이해하기는 어렵지 않다. 음식이 진열대에 마구잡이 순서로 배열된 슈퍼마켓에서 쇼핑하려고 한다고 상상해 보라. 한 통로에는 흰 빵 옆에 토마토 수프가 있고, 치킨 수프는 뒤쪽에 60와트 백열 전구 옆에 있고, 한 크림치즈 브랜드는 앞쪽에 있고 또 다른 하나는 쿠키 근처 8번 통로에 있다. 여러분이 원하는 것을 찾는 일이 불가능하지는 않더라도 (a)시간이 많이 걸리고 극도로 어려울 것이다.

슈퍼마켓의 경우에는, 누군가가 분류 체계를 (b)설계해야 했다. 하지만 우리의 언어에 구현되어 있는 기성의(내재된) 분류 체계가 또한 있다. 예를 들어, "개"라는 단어는 특정 부류의 동물들을 함께 분류하여 다른 동물들과 구별한다. 그러한 분류가 분류라고 불리기에는 너무 (c)추상적으로(→ 명확하게, 구체적으로) 보일 수도 있지만, 이것은 단지 여러분이 이미 그 단어를 숙달했기 때문이다. 말하기를 배우는 아이로서, 여러분은 부모님이 여러분에게 가르쳐주려 애썼던 그 분류 체계를 (d)배우기 위해 열심히 노력해야 했다. 여러분이 그것을 이해하기 전에는 고양이를 개라고 부르는 것과 같은 실수를 아마도 했을 것이다. 만약 여러분이 말하기를 배우지 않았다면, 온 세상이 (e)정돈되지 않은 슈퍼마켓처럼 보일 것이다. 여러분은 모든 물건이 새롭고 낯선 유아의 상황에 있을 것이다. 그러므로 분류의 원리를 배울 때, 우리는 언어의 핵심에 있는 구조에 대해 배우게 되는 것이다.

유형별 정답 분석 (41. 글의 제목)

글의 제목 유형은 주제 파악 문항이다. 주로 주제문이 위치하는 글의 처음과 마지막 부분을 유념해서 읽는다. 첫 문장인 Classifying things together into groups is something we do all the time, and it isn't hard to see why.(사물들을 함께 그룹으로 분류하는 것은 우리가 항상 하는 일이며, 왜 그러는지 이해하기는 어렵지 않다.)에서 글의 소재를 확인하고, 가운데 문장인 But there is also a ready-made system of classification embodied in our language.(하지만 우리의 언어에 구현되어 있는 기성의(내재된) 분류 체계가 또한 있다.)와 마지막 문장인 In learning the principles of classification, therefore, we'll be learning about the structure that lies at the core of our language.(그러므로 분류의 원리를 배울 때, 우리는 언어의 핵심에 있는 구조에 대해 배우게 되는 것이다.)를 통해서 글의 주제가 '언어에는 분류적 특성이 내재되어 있으며 분류의 원리는 언어의 핵심 구조이다'라는 것을 확인할 수 있으므로, 글의 제목으로 가장 적절한 것은 ② Classification: An Inherent Characteristic of Language이다.

① 영업과 언어학습 전략의 유사성
② 분류: 언어의 내재적 특성
③ 범주화를 통한 언어학적 문제 탐색
④ 기성의 분류 시스템이 정말 더 나은가?
⑤ 언어교육에서 분류 활용의 딜레마

정답 (41. 글의 제목) ②

유형별 정답 분석 (42. 어휘 적절성)

어휘 적절성 유형은 글의 논리적 흐름을 파악하는 문항으로 정답은 전후 맥락을 통해 논리적으로 모순된 어휘여야 하고, 문항 제작 원리상 ④, ③, ②번 순으로 정답 확률이 높다. 앞 문장에서 '개'라는 단어가 특정 부류의 동물들을 분류하여 다른 동물들과 구분해 준다고 했기 때문에 그러한 분류를 (c)abstract(추상적)이라고 하는 것은 논리적으로 모순이 되므로, 오히려 (c)abstract(추상적인)과 상반되는 의미의 obvious(명확한)나 concrete(구체적인)가 문맥상 적절하므로, 문맥상 낱말의 쓰임이 적절하지 않은 것은 ③ (c)abstract이다.

① (a)시간이 많이 걸리고   ② (b)설계해야
③ (c)추상적으로   ④ (d)배우기 위해
⑤ (e)정돈되지 않은

정답 (42. 어휘 적절성)   ③

TIP_ 장문 독해(1) 유형 실전 전략

01 1지문 2문항 유형으로 글의 제목, 어휘 적절성 세트 문항이다.

02 장문 독해(1) 유형은 가성비가 높으므로 빈칸 추론이나 어려운 유형보다 먼저 푼다.

03 글의 제목은 주제 파악 문항으로 첫 문장에서 글의 소재와 주제를 유추하고, 마지막 문장에서 주제를 확인한다.

04 어휘 적절성 문항은 전후 맥락을 통해 논리적으로 모순된 낱말을 찾는다.

05 문맥상 적절하지 않은 낱말은 주로 문맥상 적절한 낱말의 반의어로 제시되고, 논리적 모순을 판단하기 어려운 중립적인 의미의 낱말은 정답 가능성이 낮다.

06 글의 내용이 어느 정도 파악되고 전후 맥락이 필요하기 때문에 ①, ⑤번은 정답 가능성이 낮다. 따라서 ②, ③, ④번이 정답 가능성이 높고, 그 중 ④, ③, ②번 순으로 정답 확률이 높다.

19. 장문 독해(2) (중)
- 글의 순서/지칭 추론/글의 내용 일치

　장문 독해(2)은 1지문 3문항으로 글의 순서, 지칭 추론, 글의 내용 일치 세트 문항입니다. 독해에서 가장 지문이 길고 문항 수가 많으며 배점이 크기 때문에 전략적이고 체계적으로 해결해야 합니다. 장문 독해(2)는 지문의 종류가 일화문(에피소드)으로 내용이 쉽기 때문에 지문 길이에 겁먹을 필요가 없고 시간 관리만 잘하면 오히려 고득점에 유리한 유형입니다. 마지막 문항이라 시간이 부족하면 더 당황하므로 마지막에 풀지 말고 시간적 여유를 갖고 먼저 해결하는 것이 시간 관리, 멘탈 관리, 점수 관리 차원에서 바람직합니다.

　장문 독해(2) 유형의 실전 전략에 대해 알아보겠습니다. 글의 순서를 먼저 해결한 후에 글의 순서대로 읽으면서 지칭 추론과 내용 일치를 같이 해결합니다. 우선 등장인물과 주요 에피소드를 파악하기 위해 글의 내용 일치 문항의 우리말 선택지를 확인하고, 글의 순서를 해결하기 위해 주어진 글 (A)를 읽고 글의 도입부 내용을 파악합니다. 그런 다음, 글 (B), (C), (D)의 첫 문장을 읽고, 글의 순서를 추론할 수 있는 연결 단서(연결사, 대명사 지칭 추론, 동일 어(구) 반복, 정관사와 부정관사의 쓰임 등)가 있는지 확인하고 종합적으로 글의 순서를 파악합니다.

　장문 독해(2)의 지문은 일상적인 사건을 기술한 일화문(에피소드)으로 시간순으로 전개되므로 동사의 시제(과거, 과거완료)를 단서로 사건을 시간순으로 추론하여 글의 순서를 유추할 수 있습니다. 따라서, 문단의 첫 문장에서 글의 순서에 대한 연결 단서를 찾기 어려운 경우, 에피소드에 사용된 시제를 단서로 사건의 순서를 파악하여 글의 순서를 추론합니다. 글의 순서가 파악되면 순서대로 읽으면서 지칭 추론과 내용 일치 문항을 같이 해결합니다.

　지칭 추론을 해결하기 위해서는 전후 맥락을 통해 대명사가 지칭하는 등장인물을 파악하여 선택지에 이름을 표시합니다. 다른 한 사람이 나타날 때까지 같은 방법으로 확인합니다. 글의 내용 일치 문항의 경우, 우리말 선택지 순서와 지문 배치 순서(A, B, C, D)가 동일합니다. 따라서, 우리말 선택지를 지문에서 순서대로 찾아 내용 일치 여부를 확인합니다. 만약, 선택지에 이름, 기관명, 지명 등의 고유명사나 숫자, 날짜 등의 아라비아 숫자와 같이 눈에 띄는 표현이 있다면, 지문에서 이러한 표현이 있는 문장을 찾아 확인합니다.

| 장문 독해(2) 특징 |

❶ 1지문 3문항 유형으로 글의 순서, 지칭 추론, 글의 내용 일치 세트 문항이다.

❷ 글의 순서를 먼저 해결하고, 순서대로 읽으며 지칭 추론과 내용 일치를 같이 해결한다.

❸ 지칭 추론은 전후 맥락을 통해서 파악한다.

❹ 글의 내용 일치는 우리말 선택지를 지문 순서대로 찾아 일치 여부를 확인한다.

| 예제   2022학년도 수능 영어 영역 43~45번 |

43~45 다음 글을 읽고, 물음에 답하시오.

(A)

In the gym, members of the taekwondo club were busy practicing. Some were trying to kick as high as they could, and some were striking the sparring pad. Anna, the head of the club, was teaching the new members basic moves. Close by, her friend Jane was assisting Anna. Jane noticed that Anna was glancing at the entrance door of the gym. She seemed to be expecting someone. At last, when Anna took a break, Jane came over to (a) her and asked, "Hey, are you waiting for Cora?"

(B)

Cora walked in like a wounded soldier with bandages on her face and arms. Surprised, Anna and Jane simply looked at her with their eyes wide open. Cora explained, "I'm sorry I've been absent. I got into a bicycle accident, and I was in the hospital for two days. Finally, the doctor gave me the okay to practice." Anna said excitedly, "No problem! We're thrilled to have you back!" Then, Jane gave Anna an apologetic look, and (b)she responded with a friendly pat on Jane's shoulder.

(C)

Anna answered the question by nodding uneasily. In fact, Jane knew what her friend was thinking. Cora was a new member, whom Anna had personally invited to join the club. Anna really liked (c)her. Although her budget was tight, Anna bought Cora a taekwondo uniform. When she received it, Cora thanked her and promised, "I'll come to practice and work hard every day." However, unexpectedly, she came to practice only once and then never showed up again.

(D)

Since Cora had missed several practices, Anna wondered what could have happened. Jane, on the other hand, was disappointed and said judgingly, "Still waiting for her, huh? I can't believe (d)you don't feel disappointed or angry. Why don't you forget about her?" Anna replied, "Well, I know most newcomers don't keep their commitment to the club, but I thought that Cora would be different. She said she would come every day and practice." Just as Jane was about to respond to (e)her, the door swung open. There she was!

43 주어진 글 (A)에 이어질 내용을 순서에 맞게 배열한 것으로 가장 적절한 것은?

① (B) - (D) - (C)　　　　　　② (C) - (B) - (D)

③ (C) - (D) - (B)　　　　　　④ (D) - (B) - (C)

⑤ (D) - (C) - (B)

44 밑줄 친 (a)~(e) 중에서 가리키는 대상이 나머지 넷과 다른 것은?

① (a)　　　② (b)　　　③ (c)　　　④ (d)　　　⑤ (e)

45 윗글에 관한 내용으로 적절하지 않은 것은?

① Anna는 신입 회원에게 태권도를 가르쳤다.

② Anna와 Jane은 Cora를 보고 놀라지 않았다.

③ Anna는 Cora에게 태권도 도복을 사 주었다.

④ Cora는 여러 차례 연습에 참여하지 않았다.

⑤ Anna는 Cora를 대다수의 신입 회원과 다를 것이라 생각했다.

유형별 실전 풀이

평가 유형	장문 독해(2) (글의 순서/지칭 추론/글의 내용 일치)
글의 종류	일화문(에피소드)
글의 구조	미괄식

글의 소재	신입 회원 Cora의 태권도 수업 결석
소재 단서	the taekwondo club / are you waiting for Cora?

글의 주제	신입 회원 Cora의 태권도 수업 결석에 Jane은 실망지만 Anna는 계속 기다렸고 마침내 Cora가 자전거 사고 부상 때문에 결석했다는 것을 알고 모든 오해가 풀린다.

Anna said excitedly, "No problem! We're thrilled to have you back!" Then, Jane gave Anna an apologetic look, and (b)she responded with a friendly pat on Jane's shoulder.

단어·숙어

gym 체육관	as~as one can 가능한~하게
strike 치다	sparring (태권도)겨루기
head 회장	assist 보조하다
notice 알아차리다	glance 힐끗 보다
entrance door 출입문	expect (누군가를) 기다리다
take a break 휴식하다	come over to~ ~에게 다가오다
wounded 부상당한	bandage 붕대
thrilled 신난	apologetic 사과하는, 미안해하는
nod 끄덕이다	uneasily 걱정스럽게
persoanlly 직접, 개인적으로	budget 예산, 경비
tight 빠듯한	unexpectedly 기대와는 달리
show up 나타나다	miss 빠지다
judgingly 판단하여	reply 대답하다
newcomer 신입 회원	commitment 약속, 전념
respond 응답하다, 대답하다	swing open (문이) 활짝 열리다
pat (손으로 부드럽게) 치기, 가볍게 쓰다듬기	

우리말 의미

(A) 체육관에서 <u>태권도 동아리</u> 회원들이 바쁘게 연습하고 있었다. 몇몇은 가능한 한 높이 발차기를 하려고 애쓰고 있었고, 몇몇은 겨루기 패드를 치고 있었다. 동아리 회장인 Anna는 신입 회원들에게 기본 동작을 가르치고 있었다. 가까이 옆에서는 그녀의 친구인 Jane이 Anna를 보조하고 있었다. Jane은 Anna가 체육관의 출입문을 힐

끗 쳐다 보고 있다는 것을 알아챘다. 그녀는 누군가를 기다리고 있는 것처럼 보였다. 마침내, Anna가 쉬고 있을 때 Jane이 (a)그녀에게 다가와서 물었다. "얘, 너 Cora 기다리고 있니?"

(C) Anna는 걱정스럽게 고개를 끄덕이며 질문에 답했다. 사실, Jane은 그녀의 친구가 무엇을 생각하고 있는지 알고 있었다. Cora는 신입 회원이었는데, Anna가 그녀에게 직접 동아리에 가입하라고 청했었다. Anna는 (c)그녀를 진정으로 좋아했다. 자기 경비가 빠듯했음에도 불구하고, Anna는 Cora에게 태권도 도복을 사주었다. 그것을 받았을 때, Cora는 그녀에게 고마워하며 약속했다. "매일 연습하러 와서 열심히 할 거야." 하지만, 기대와는 달리, 그녀는 연습하러 겨우 한 번 왔고 그리고 나서 다시는 나타나지 않았다.

(D) Cora가 여러 번의 연습에 빠졌었기 때문에 Anna는 무슨 일이 있었을지 궁금했다. 반면 Jane은 실망하여 판단하듯 말했다. "아직도 걔를 기다리는 거야, 응? 나는 (d)네가 실망이나 화를 느끼지 않는 걸 믿을 수가 없어. 걔에 대해 잊는 게 어때?" Anna는 대답했다. "글쎄, 나도 대부분의 신입 회원들이 동아리에 대한 약속을 지키지 않는 걸 알지만, Cora는 다를 거라 생각했어. 그녀는 매일 와서 연습할 거라고 말했거든." Jane이 막 (e)그녀에게 응답하려 했을 때 바로, 문이 활짝 열렸다. 그녀였다!

(B) Cora가 얼굴과 두 팔에 붕대를 하고 부상당한 군인처럼 걸어 들어왔다. 놀란 Anna와 Jane은 두 눈을 크게 뜨고서 그저 그녀를 바라볼 뿐이었다. Cora는 설명했다. "계속 빠져서 미안해. 자전거 사고가 나서 이틀 동안 입원해 있었어. 마침내 의사 선생님께서 내게 연습해도 좋다고 허락해 주셨어." Anna가 흥분하여 말했다. "괜찮아! 우리는 네가 돌아와서 신나." 그때, Jane이 Anna에게 사과하는 표정을 보였고, (b)그녀는 Jane의 어깨를 다정하게 치며 응답했다.

유형별 정답 분석 (43. 글의 순서)

글의 순서 유형은 글의 주제를 파악한 후 문장 간의 논리적 관계와 단서들(연결사, 대명사, 동일 어구 반복 등)을 활용하여 전체 흐름을 종합적으로 파악한다. 장문 독해(2)는 주로 일화문(에피소드)이 사용되기 때문에 시간 순서로 전개되는 것에 유념한다. 장문 독해(2)의 경우에는 대명사 지칭 추론과 동일 어구 반복이 연결 고리로 많이 사용된다. 글(A)의 마지막 부분 Jane came over to (a)her and asked, "Hey, are you waiting for Cora?"(Jane이 (a)그녀에게 다가와서 물었다. "얘, 너 Cora 기다리고 있니?")는 글(C)의 첫 문장에서 Anna answered the question by nodding uneasily.(Anna는 걱정스럽게 고개를 끄덕이며 질문에 답했다.)로 이어지고, 글(C)의 마지막 문장 she came to practice only once and then never showed up again.(그녀는 연습하러 겨우 한 번 왔고 그리고나서 다시는 나타나지 않았다.)는 글(D)의 Since Cora had missed several practices, Anna wondered what could have happened.(Cora가 여러 번의 연습에 빠졌었기 때문에 Anna는 무슨 일이 있었을지 궁금했다.)로 이어지고, 글(D)의 마지막 문장 There she was!(그녀였다!)은 글(B)의 첫 문장 Cora walked in(Cora가 걸어 들어왔다)로 이어지면서 대명사 지칭 추론과 동일 어구 반복을 통해 글의 순서가 (C)-(D)-(B)임을 확인할 수 있으므로, 주어진 글(A)에 이어질 내용을 순서에 맞게 배열한 것으로 가장 적절한 것은 ③ (C) - (D) - (B)이다.

정답 (43. 글의 순서) ③

유형별 정답 분석 (44. 지칭 추론)
지칭 추론 유형은 ①, ②, ③번 중에 답이 있을 경우, ④, ⑤번을 풀지 않아도 되기 때문에 정답은 ①, ②번보다는 ③, ④, ⑤번 중에 있을 가능성이 높다.
(a), (b), (d), (e)는 Anna를 가리키고 (c)만 Cora를 가리키므로, 가리키는 대상이 나머지 넷과 다른 것은 ③ (c)이다.

정답 (44. 지칭 추론) ③

유형별 정답 분석 (45. 글의 내용 일치)
장문 독해(2)의 글의 내용 일치 유형은 우리말 선택지 순서와 지문 배치 순서(A, B,

C, D)가 같다. 따라서, 우리말 선택지를 토대로 지문 순서대로 내용 일치 여부를 확인한다. 글 (B)의 Surprised, Anna and Jane simply looked at her with their eyes wide open.의 의미는 '놀란 Anna와 Jane이 눈을 크게 뜨고서 그녀를 바라보았다.'는 내용이므로, 윗글에 관한 내용으로 일치하지 않는 것은 ② Anna와 Jane은 Cora를 보고 놀라지 않았다.이다.

정답 (45. 글의 내용 일치) ②

TIP_ 장문 독해(2) 유형 실전 전략

01 1지문 3문항 유형으로 글의 순서, 지칭 추론, 글의 내용 일치 세트 문항이다.

02 글의 내용과 문제가 쉽고 배점이 높아 고득점에 유리하므로 반드시 미리 푼다.

03 글의 내용 일치 문항의 우리말 선택지를 통해 등장인물과 에피소드를 파악한다.

04 글의 순서를 먼저 파악한 후 순서대로 읽으며 지칭 추론과 글의 내용 일치를 같이 해결한다.

05 글 (A)를 먼저 읽고, 글 (B), (C), (D)의 첫 문장에 글의 순서에 대한 연결 단서(연결사, 대명사, 동일 어(구) 반복, 관사 등)가 있는지 확인하여 종합적으로 글의 순서를 파악한다.

06 시간순 전개인 경우, 동사의 시제(과거, 과거완료)를 단서로 글의 순서를 유추한다.

07 지칭 추론은 전후 맥락을 통해 지칭 대상을 파악하여 선택지에 표시하고 다른 사람이 나올 때까지 확인한다.

08 글의 내용 일치는 선택지와 지문 순서(A, B, C, D)가 같기 때문에 선택지 순서대로 지문에서 찾아 일치 여부를 확인한다.

20. 흐름에 무관한 문장 (상)

   흐름에 무관한 문장 유형은 간접 쓰기 유형으로 통일성(unity), 일관성(coherence), 응집성(cohesion)을 갖춘 좋은 글을 쓰는 능력을 평가합니다. 글의 주제와 흐름을 논리적으로 파악하고, 글의 전체적인 내용이 자연스럽게 이어지는지, 글의 전후 맥락이 논리적 일관성이 있는지 판단해야 합니다. '흐름에 무관한 문장'이란 글의 내용이 일관성이 없거나 논리적으로 모순되는 문장을 말하므로, 전후 맥락을 근거로 내용이나 논리적으로 모순된 문장을 찾으면 됩니다.

   흐름에 무관한 문장 유형은 어휘 적절성 유형과 문항 제작 원리가 유사합니다. 글의 흐름상 문장의 적절성 여부를 판단하기 위해서는 글의 내용이 어느 정도 파악되고 전후 맥락이 필요하기 때문에 선택지 중에서 ①, ⑤번이 정답이 되기는 어렵습니다. 따라서, 흐름에 무관한 문장 유형의 경우에는 ②, ③, ④번 중에 정답이 있을 가능성이 높고, 그 중에서도 ④, ③, ②번 순으로 정답 확률이 높아 보입니다.

   '흐름에 무관한 문장'에 해당하는 정답 선택지의 특징은 겉으로 보기에는 지문에 있는 표현이 반복되어 글의 흐름과 관련 있어 보이지만 의미를 파악해 보면 내용이나 논리적 일관성이 없는 문장입니다. 이와 같이 '흐름에 무관한 문장'의 특성을 숙지하고 정확한 의미 파악을 통해 문제를 해결합니다.

| 흐름에 무관한 문장 특징 |

❶ 글의 내용과 논리적 흐름을 파악한다.

❷ 글의 내용이 일관성이 없거나 논리적으로 모순되는 문장을 파악한다.

❸ '흐름에 무관한 문장'은 지문의 표현이 반복 사용되어 얼핏 보면 관련 있어 보일 수 있으므로 유의한다.

35 다음 글에서 전체 흐름과 관계 없는 문장은?

Since their introduction, information systems have substantially changed the way business is conducted. ① This is particularly true for business in the shape and form of cooperation between firms that involves an integration of value chains across multiple units. ② The resulting networks do not only cover the business units of a single firm but typically also include multiple units from different firms. ③ As a consequence, firms do not only need to consider their internal organization in order to ensure sustainable business performance; they also need to take into account the entire ecosystem of units surrounding them. ④ Many major companies are fundamentally changing their business models by focusing on profitable units and cutting off less profitable ones. ⑤ In order to allow these different units to cooperate successfully, the existence of a common platform is crucial.

유형별 실전 풀이

평가 유형 흐름에 무관한 문장

글의 종류 설명문(기초 학술문)

글의 구조 양괄식

글의 소재 정보 시스템(공동 플랫폼)

소재 단서 information systems / a common platform

글의 주제 정보 시스템의 도입이 가치 체인의 통합과 관련된 사업에 있어 기업 간 협력을 가능하게 하고 다른 부문들이 성공적으로 협력할 수 있게 한다.

주제 단서   Since their introduction, information systems have substantially changed the way business is conducted. / In order to allow these different units to cooperate successfully, the existence of a common platform is crucial.

단어·숙어

substantially 상당히	conduct 수행하다
firm 기업, 회사	invlove 관련시키다, 수반하다
integration 통합	business unit 사업 부문
internal 내부의	ensure 보장하다
sustainable 지속 가능한	performance 성과
take~into account ~을 고려하다	ecosystem 생태계
fundamentally 근본적으로	profitable 수익성이 있는
cut off 잘라내다	crucial 중대한
value chain 가치 체인(제품과 서비스의 창출 및 관리를 수행하는 기업 소속 집단)	

우리말 의미

정보 시스템이 도입된 이후에 사업이 수행되는 방식을 상당히 변화시켰다. ① 이것은 다수의 부문에 걸친 가치 체인의 통합과 관련된 사업에 있어 기업들 간 협력의 형태와 유형에 특히 해당된다. ② 결과적으로 생성된 네트워크는 단일 기업의 사업 부문을 처리할 뿐만 아니라 다른 기업들의 다수 부문들도 포함하고 있다. ③ 결과적으로, 기업들은 지속가능한 사업 성과를 보장하기 위해서 그들 내부 조직을 고려해야 할 뿐만 아니라, 그들을 둘러싼 부문들의 전체 생태계도 고려할 필요가 있다. ④ 많은 주요 기업들이 수익성 있는 부문에 집중하고 수익성이 덜한 부문을 잘라냄으로써 자신들의 사업 모델을 근본적으로 변화시키고 있다. ⑤ 이런 다양한 부문들이 성공적으로 협력할 수 있도록 하기 위해서는 공동 플랫폼의 존재가 중대하다.

유형별 정답 분석

흐름에 무관한 문장 유형은 전후 맥락을 근거로 논리적으로 모순된 문장을 찾아야 하고, 문항 제작 원리상 ④, ③, ②번 순으로 정답 확률이 높다. 글의 주제는 '정보 시스템의 도입이 가치 체인의 통합과 관련된 사업에 있어 기업 간 협력을 가능하게 하고 다른 부문들이 성공적으로 협력할 수 있게 한다'는 것으로서, 특히 ④번의 앞 문장 ③ As a consequence, ~they also need to take into account the entire ecosystem of units surrounding them.(결과적으로, 기업들은 지속가능한 사업 성과를 보장하기 위해서 그들 내부 조직을 고려해야 할 뿐만 아니라, 그들을 둘러싼 부문들의 전체 생태계도 고려할 필요가 있다.)과 뒷 문장 ⑤ In order to allow these different units to cooperate successfully, the existence of a common platform is crucial.(이런 다양한 부문들이 성공적으로 협력할 수 있도록 하기 위해서는 공동 플랫폼의 존재가 중대하다.)의 논리적 흐름을 고려하면 다양한 부문의 협력을 중시하는 내용이므로 수익성 있는 부문에 집중한다는 ④번 문장은 논리적으로 모순되므로, 전체 흐름과 관계 없는 문장은 ④ Many major companies are fundamentally changing their business models by focusing on profitable units and cutting off less profitable ones.(많은 주요 기업들이 수익성이 있는 부문에는 집중하고 수익성이 낮은 부문은 잘라냄으로써 자신들의 사업 모델을 근본적으로 변화시키고 있다)이다.

정답 ④

TIP_ 흐름에 무관한 문장 유형 실전 전략

01 글의 내용과 논리적 흐름을 파악한다.

02 글의 내용이 일관성이 없거나 논리적으로 모순되는 문장을 찾는다.

03 '흐름에 무관한 문장'은 지문에 있는 표현이 반복 사용되어 겉으로는 흐름과 관련 있어 보이나, 내용이나 논리적 일관성이 없다.

04 글의 내용이 어느 정도 파악되고 전후 맥락이 필요하기 때문에 ①, ⑤번은 정답 가능성이 낮다. ②, ③, ④번이 정답 가능성이 높고, ④, ③, ②번 순으로 정답 확률이 높다.

21. 글의 순서 (상)

글의 순서 유형은 간접 쓰기 유형으로 글의 순서를 재구성하여 통일성(unity), 일관성(coherence), 응집성(cohesion)을 갖춘 글로 완성하는 능력을 평가합니다. 내용의 일관성과 예시, 열거, 비교, 대조, 인과 등 다양한 전개 방식, 단락이나 문장 간의 논리적 관계와 단서들(연결사, 대명사, 동일 어구 반복 등)을 활용하여 글의 전체 흐름을 종합적으로 판단해야 합니다.

글의 순서 유형은 다음과 같이 해결합니다. 주어진 글의 첫 문장에서 글의 소재를 파악하고 주제를 유추합니다. 주어진 글의 마지막 문장에 이어질 문장을 찾기 위해서 글(A), (B), (C)의 첫 문장에서 연결고리를 찾습니다. 연결고리로는 연결사, 대명사, 동일 어구 반복과 같은 논리적인 장치를 사용하므로 글(A), (B), (C)의 첫 문장에 이러한 연결 단서가 있는지 확인합니다. 다음 글의 순서를 찾을 때에도 같은 방법으로 합니다.

글의 순서 유형에는 기초 학술문이 주로 사용됩니다. 다양한 소재와 주제의 기초 학술문을 읽고, 하나의 주제가 여러 전개 방식을 통해 통일성과 일관성, 응집성이 어떻게 구현되는지 익히는 것이 좋습니다. 기초 학술문은 실용문에 비해 내용과 어휘가 난해하기 때문에 평소 어휘 학습이 선행되어야 합니다. 독해의 기본은 단어라는 진리를 다시 한번 되새기면서 매일 꾸준한 단어 학습, 실천해 보는 건 어떨까요?

| 글의 순서 특징 |

❶ 글의 순서를 재구성하여 통일성, 일관성, 응집성 있는 글로 완성한다.

❷ 글의 순서는 논리적 순서나 시간적 순서이다.

❸ 예시, 열거, 비교, 대조, 인과 등의 전개 구조를 확인한다.

❹ 문장이나 단락 간 논리적 관계와 단서들(연결사, 대명사, 동일 어구 반복 등)을 토대로 종합적으로 판단한다.

| 예제 2022학년도 수능 영어 영역 36번 |

36 주어진 글 다음에 이어질 글의 순서로 가장 적절한 것을 고르시오.

> According to the market response model, it is increasing prices that drive providers to search for new sources, innovators to substitute, consumers to conserve, and alternatives to emerge.

(A) Many examples of such "green taxes" exist. Facing landfill costs, labor expenses, and related costs in the provision of garbage disposal, for example, some cities have required households to dispose of all waste in special trash bags, purchased by consumers themselves, and often costing a dollar or more each.

(B) Taxing certain goods or services, and so increasing prices, should result in either decreased use of these resources or creative innovation of new sources or options. The money raised through the tax can be used directly by the government either to supply services or to search for alternatives.

(C) The results have been greatly increased recycling and more careful attention by consumers to packaging and waste. By internalizing the costs of trash to consumers, there has been an observed decrease in the flow of garbage from households.

① (A) – (C) – (B) ② (B) – (A) – (C)

③ (B) – (C) – (A) ④ (C) – (A) – (B)

⑤ (C) – (B) – (A)

유형별 실전 풀이

평가 유형 글의 순서

글의 종류 설명문(기초 학술문)

글의 구조 두괄식

글의 소재 시장에서 가격 인상

소재 단서 increasing prices

글의 주제 시장에서 특정 재화나 서비스의 가격 인상은 이러한 자원의 사용 감소, 새로운 공급원 또는 대안의 창조적 혁신을 낳는다.

주제 단서 it is increasing prices that drive providers to search for new sources, innovators to substitute, consumers to conserve, and alternatives to emerge.

단어·숙어

drive 몰다, 하게하다   provider 공급자

search for 찾다   source 공급원

innovator 혁신가   substitute 대용(대체)하다

consumer 소비자   conserve 아껴 쓰다, 보존하다

alternative　대안

landfill　쓰레기 매립지

provision　준비, 공급

disposal　처리

dispose of　처리하다

result in　결과를 초래하다

option　대안

packaging　포장

observe　관찰하다

market response model　시장 반응 모형

internalize　자기 것으로 만들다, 내면화하다

green tax　환경세(환경을 오염시키거나 파괴하는 행위자에게 부과하는 세금)

emerge　나타나다

labor expense　인건비

garbage　쓰레기

household　가정, 가구

purchase　구입하다

innovation　혁신

recycling　재활용

waste　폐기물

flow　흐름

우리말 의미

시장 반응 모형에 따르면, 공급자가 새로운 공급원을 찾게 하고, 혁신가가 대용하게 하고, 소비자가 아끼게 하고, 대안이 나타나게 하는 것은 바로 가격의 인상이다. (B) 특정 재화나 서비스에 과세하여 그로 인해 인상되는 가격은 이러한 자원 사용의 감소 또는 새로운 공급원이나 대안의 창조적 혁신을 초래할 것이다. 세금을 통해 조성된 돈은 서비스를 공급하거나 대안을 찾는 데에 정부에 의해서 직접 사용할 수 있다. (A) 그러한 '환경세'의 많은 예가 존재한다. 예를 들어, 일부 도시들은 쓰레기 매립 비용, 인건비, 쓰레기 처리를 준비하는 관련 비용에 직면하면서 가정에서 모든 폐기물을 소비자가 직접 구입하고 각각 흔히 1달러나 그 이상 비용이 드는 특별 쓰레기 봉투에 담아 처리하도록 요구해왔다. (C) 그 결과 재활용이 크게 증가했고 소비자가 포장과 폐기물에 더 주의깊은 관심을 기울이게 되었다. 소비자들에게 쓰레기 비용을 자기 것으로 만들게 함으로써, 가정에서 나오는 쓰레기의 흐름에 감소가 관찰되었다.

유형별 정답 분석

글의 순서 유형은 글의 주제를 파악한 후 문장 간의 논리적 관계와 단서들(연결사, 대명사, 동일 어(구) 반복 등)을 활용하여 전체 흐름을 종합적으로 파악한다.

전개 부분에서 예시, 열거, 비교, 대조, 인과 중 어떤 방식이 사용되고 있는지 확인한다.

주어진 글에서 소재와 주제를 유추하고 주어진 글의 마지막 문장에 이어질 문장을 찾기 위해 글(A), (B), (C)의 첫 문장에서 연결사, 대명사, 동일 어(구) 반복 등의 연결 고리를 찾는다. 다음 글의 순서를 찾을 때에도 같은 방법으로 한다.

최근에는 난이도를 높이기 위해서 연결사나 대명사 지칭 추론보다는 동일 어(구) 반복을 연결 고리로 많이 사용하는 추세다. 주어진 글의 increasing prices는 글(B)의 첫 문장에서 increasing prices로 이어지고, 글(B)의 Taxing은 글(A)의 such "green taxes"로 이어지고, 글(A)의 garbage disposal은 글(C)의 garbage로 이어지면서 동일 어구 반복을 통해 글의 순서가 (B)-(A)-(C)임을 확인할 수 있다.

글의 내용상 흐름으로 순서를 파악하면, 글의 주제가 '시장에서 특정 재화나 서비스의 가격 인상이 이러한 자원의 사용 감소, 새로운 공급원 또는 대안의 창조적 혁신을 낳는다'는 것이므로, 주어진 글의 '공급자가 새로운 공급원을 찾게 하고, 혁신가가 대용하게 하고, 소비자가 아끼게 하고, 대안이 나타나게 하는 것은 바로 가격의 인상이다'라는 내용 다음에는, 글(B)의 '특정 재화나 서비스에 과세하여 그로 인해 인상되는 가격은 이러한 자원 사용의 감소 또는 새로운 공급원이나 대안의 창조적 혁신을 초래할 것이다'라는 내용이 부연 설명으로 이어져야 한다.

글(B)는 글(A)로 이어지며 특정 재화나 서비스에 부과된 세금을 such "green taxes"로 표현하면서 그 예시로 garbage disposal의 방식을 제시한다.

'일부 도시가 가정의 모든 폐기물을 각각 흔히 1달러 또는 그 이상씩 드는 특별 쓰레기봉투에 담아 소비자가 직접 처리하도록 요구해왔다'는 글(A)의 마지막 문장에 대한 결과로 The results ~로 시작하는 글(C)로 이어지면서 '그 결과 가정에서 나오는 쓰레기의 흐름에 감소가 관찰되었다'는 내용으로 자연스럽게 이어진다.

따라서, 글의 내용으로 보더라도 주어진 글 다음에 이어질 글의 순서로 가장 적절한 것은 ② (B) - (A) - (C)이다.

정답 ②

22. 문장 위치 (상)

　문장 위치 유형은 간접 쓰기 유형으로 문장 간의 관계를 파악하여 글의 논리적 흐름을 완성하는 능력을 평가합니다. 글의 논리와 흐름을 이해하는 능력이 필요하며 문장 간의 논리적 관계와 단서들(연결사, 대명사, 동일 어구 반복 등)을 활용하여 글의 전체적인 흐름을 파악해야 합니다.

　문장 위치 유형은 다음과 같이 해결합니다. 주어진 문장의 내용을 파악하고 다른 문장과 연결해주는 연결 단서(연결사, 대명사, 동일 어(구) 반복)가 있는지 확인합니다. 주어진 문장에서 단서를 찾은 후에는 지문에서 주어진 문장의 위치에 대한 단서가 있는지 확인합니다. 최근 문항 난이도를 높이기 위해서 연결 단서로 연결사나 대명사 대신 논리적 맥락이나 동일 어구 반복을 사용하는 경우가 많고 동일 명사 대신에 유의어를 쓰기도 합니다. 따라서 눈에 띄는 단서가 없을 경우, 동일 어구 반복이나 글의 내용에 따른 논리적 흐름을 단서로 주어진 문장의 위치를 파악해야 합니다.

　이와 같이 문장 위치 유형은 문장 위치에 대한 근거로 전후 맥락과 연결 단서가 있습니다. 글의 내용과 흐름이 어느 정도 파악되어야 하고 전후 맥락이 반드시 필요하기 때문에 선택지 중에서 ①, ②번이 정답이 되기는 어렵습니다. 따라서 ③, ④, ⑤번 중에 정답이 있을 가능성이 높고, 그 중에서도 ⑤, ④, ③번 순으로 정답 확률이 높아 보입니다.

| 문장 위치 특징 |

❶ 문장 위치를 적절히 배치하여 통일성, 일관성, 응집성 있는 글을 완성한다.

❷ 글의 순서는 논리 순서나 시간 순서이다.

❸ 문장 간 논리적 관계와 연결 단서들을 활용하여 문장 위치를 파악한다.

❹ 문장 간 연결 단서로는 연결사, 대명사, 동일 어구 반복 등이 있다.

| 예제 2022학년도 수능 영어 영역 38번 |

38 글의 흐름으로 보아, 주어진 문장이 들어가기에 가장 적절한 곳을 고르시오.

> Retraining current employees for new positions within the company will also greatly reduce their fear of being laid off.

Introduction of robots into factories, while employment of human workers is being reduced, creates worry and fear. (①) It is the responsibility of management to prevent or, at least, to ease these fears. (②) For example, robots could be introduced only in new plants rather than replacing humans in existing assembly lines. (③) Workers should be included in the planning for new factories or the introduction of robots into existing plants, so they can participate in the process. (④) It may be that robots are needed to reduce manufacturing costs so that the company remains competitive, but planning for such cost reductions should be done jointly by labor and management. (⑤) Since robots are particularly good at highly repetitive simple motions, the replaced human workers should be moved to positions where judgment and decisions beyond the abilities of robots are required.

평가 유형   문장의 위치 파악

글의 종류   논설문

글의 구조   두괄식

글의 소재   공장의 로봇 도입

소재 단서   Introduction of robots into factories

글의 주제   공장의 로봇 도입으로 인한 노동자의 해고에 대한 두려움을 예방하기 위
　　　　　해 경영진의 책임있는 조치가 필요하다.

주제 단서   It is the responsibility of management to prevent or, at least, to ease
　　　　　these fears.

단어·숙어

retrain   재교육하다

employee   직원

reduce   줄이다, 감소시키다

be laid off   실직을 당하다

employment   고용

prevent   예방하다

plant   공장

existing   기존의

participate in~   ~에 참여하다

manufacture   제조하다

cost reduction   비용 절감

labor and management   노사

motion   동작

current   현재의

position   직책

fear   두려움

introduction   도입

management   경영(진)

ease   완화시키다

replace   대체하다

assembly line   조립 라인

process   과정

competitive   경쟁력 있는

jointly   공동으로

repetitive   반복적인

judgment   판단

공장에 로봇을 도입하는 것은, 인간 노동자의 고용이 줄어들면서 걱정과 두려움을 만들어 낸다. (①) 이러한 두려움을 예방하거나 최소한 완화시키는 것은 경영진의 책임이다. (②) 예를 들어, 로봇이 기존의 조립 라인에서 인간을 대체하기보다는 새로운 공장에만 도입될 수도 있을 것이다. (③) 노동자들은 새로운 공장에 대한 계획이나 기존의 공장에 로봇을 도입하는데에 포함되어야 하고, 그리하여 그 과정에 참여할 수 있을 것이다. (④) 회사가 경쟁력을 유지하기 위해서는 로봇이 제조 비용을 줄이기 위해 필요할 수도 있겠지만, 그러한 비용 절감에 대한 계획은 노사 공동으로 이루어져야 한다. (⑤ 회사 내 새로운 직책을 위해 현재 직원들을 재교육하는 것은 해고되는 것에 대한 두려움을 또한 크게 줄여줄 것이다.) 로봇은 특히 매우 반복적인 단순 동작을 잘하기 때문에 대체된 인간 노동자들은 로봇의 능력을 넘어서는 판단과 결정이 요구되는 직책으로 이동되어야 한다.

유형별 정답 분석

문장 위치 유형은 문장 위치에 대한 근거가 될 수 있는 논리적 관계와 연결 단서(연결사, 대명사, 동일 어구 반복 등)를 찾는다. 글의 전체적인 흐름을 파악한 후에 답할 수 있는 문항의 제작 원리상 ⑤, ④, ③번 순으로 정답 가능성이 높다.

최근에는 난이도를 높이기 위해서 연결사나 대명사 지칭 추론보다는 동일 어구 반복을 연결 고리로 많이 사용하므로 유의한다. 주어진 문장의 앞 문장의 reduce는 주어진 문장의 will also greatly reduce로 연결되고, 주어진 문장의 Retraining current employees for new positions는 뒷 문장의 the replaced human workers should be moved to positions로 연결되면서 논리적 흐름과 동일 어구 반복을 연결 고리로 주어진 문장의 위치가 (⑤)임을 확인할 수 있다.

글의 내용상 흐름으로 문장 위치를 파악하면, 글의 주제는 '공장의 로봇 도입으로 인한 노동자의 해고에 대한 두려움을 예방하기 위해 경영진의 책임있는 조치가 필요하다'는 것으로, '로봇이 제조 비용을 줄이기 위해 필요하다'는 내용 다음에 '회사 내 새로운 직책을 위해 현재 직원들을 재교육하는 것은 해고되는 것에 대한 두려움을 또한 크게 줄여줄 것이다.'라는 표현이 논리적으로 자연스럽게 이어지고, 그 다음에, '(재교육 후) 대체된 인간 노동자들은 로봇의 능력을 넘어서는 판단과 결정이 요구되는 직책으로 이동되어야 한다'는 내용으로 자연스럽게 이어지므로, 주어진 문장이 들어가기에 가장 적절한 곳은 (⑤)이다.

정답 ⑤

TIP_ 문장 위치 유형 실전 전략

01 문장 간 논리적 관계와 연결 단서들을 토대로 문장 위치를 파악한다.

02 연결 단서로는 연결사, 대명사, 동일 어구 반복, 유의어 등이 있다.

03 주어진 문장의 내용을 파악하고 연결 단서를 찾는다.

04 지문에서 주어진 문장의 위치에 대한 연결 단서와 논리적 흐름을 확인한다.

05 최근 연결 단서로 연결사나 대명사 대신 논리적 맥락이나 동일 어구 반복이 많이 쓰이고, 동일 명사 대신 유의어가 쓰이는 경향이 있다.

06 글의 내용이 어느 정도 파악되고 전후 맥락이 필요하기 때문에 ①, ②번은 정답 가능성이 낮다. ③, ④, ⑤번이 정답 가능성이 높고, 그 중 ⑤, ④, ③번 순으로 정답 확률이 높다.

23. 문단 요약 (상)

문단 요약 유형은 간접 쓰기의 마지막 유형으로 글의 내용을 파악하여 요약문으로 완성하는 능력을 평가합니다. 요약문을 완성하기 위해서는 글의 중심내용이나 주제를 먼저 파악해야 합니다. 문단 요약 유형에는 기초 학술적 내용의 설명문이 주로 사용되므로 두괄식 구조가 많습니다. 처음에 주제문으로 시작하고 이어서 예시나 설명과 같이 주제에 대한 근거가 제시되는 구조가 많으므로 첫 문장을 정확하게 파악해야 합니다.

요약문을 완성하기 위해서는 주제뿐만 아니라 내용 전반을 파악해야 하므로 글의 주제와 논리 구조를 파악하는 것이 중요합니다. 도입과 전개 부분으로 나누고 도입 부분의 주제가 전개 부분에서 어떤 방식으로 주제에 대한 근거를 제시하는지 파악한 후 요약문을 확인합니다. 주제는 반복되는 표현이나 유의어를 통해 제시되는 경우가 많으므로, 요약문에서 주제와 관련된 표현이 어떻게 반복되고 유의어로 표현되는지 확인합니다.

| 문단 요약 특징 |

❶ 첫 문장이 주제문인 두괄식 구조가 많다

❷ 글의 주제와 논리 구조를 파악한다.

❸ 주제가 요약문에서 어떻게 반복되고 유의어로 표현되는지 확인한다.

❹ 글의 주제와 내용을 토대로 요약문의 빈칸에 들어갈 어휘를 추론한다.

40 다음 글의 내용을 한 문장으로 요약하고자 한다. 빈칸 (A), (B)에 들어갈 말로 가장 적절한 것은?

Philip Kitcher and Wesley Salmon have suggested that there are two possible alternatives among philosophical theories of explanation. One is the view that scientific explanation consists in the *unification* of broad bodies of phenomena under a minimal number of generalizations. According to this view, the (or perhaps, a) goal of science is to construct an economical framework of laws or generalizations that are capable of subsuming all observable phenomena. Scientific explanations organize and systematize our knowledge of the empirical world; the more economical the systematization, the deeper our understanding of what is explained. The other view is the *causal/mechanical* approach. According to it, a scientific explanation of a phenomenon consists of uncovering the mechanisms that produced the phenomenon of interest. This view sees the explanation of individual events as primary, with the explanation of generalizations flowing from them. That is, the explanation of scientific generalizations comes from the causal mechanisms that produce the regularities.

* subsume: 포섭(포함)하다   ** empirical: 경험적인

↓

Scientific explanations can be made either by seeking the ____(A)____ number of principles covering all observations or by finding general ____(B)____ drawn from individual phenomena.

	(A)		(B)		(A)		(B)
①	least	···	patterns	②	fixed	···	features
③	limited	···	functions	④	fixed	···	rules
⑤	least	···	assumptions				

평가 유형 문단 요약

글의 종류 설명문(기초 학술문)

글의 구조 두괄식

글의 소재 설명에 대한 철학적 이론들

소재 단서 philosophical theories of explanation

글의 주제 과학적 설명에 대한 이론의 두 가지 대안으로서 일반화와 인과 관계적 접근

주제 단서 Philip Kitcher and Wesley Salmon have suggested that there are two possible alternatives among philosophical theories of explanation.

단어·숙어

suggest 제안하다	alternative 대안
philosophical 철학적인	theory 이론
view 견해	consist in~ ~에 있다
unification 통합	body 많은 양, 모음
phenomenon 현상(pl. phenomena)	minimal 최소의
generalization 일반화	construct 구성하다, 세우다
economical 경제적인	framework 틀

be capable of~ ~할 수 있다	observable 관찰할 수 있는
organize 정리하다	systematize 체계화하다
systematization 체계화	causal 인과 관계의
mechanical 기계론적인	approach 접근
consist of~ ~로 구성되다	uncover 밝혀내다, 알아내다
mechanism 메커니즘, 구조	primary 일차적인, 주요한
That is 즉, 다시 말해서	regularity 규칙성
principle 원리	cover 포함하다
observation 관찰	draw 도출하다, 이끌어 내다
individual 개별적인	

우리말 의미

Philip Kitcher와 Wesley Salmon은 설명에 대한 철학적 이론들 중에서 두 가지 가능한 대안이 있다고 제시했다. 한 가지 관점은 과학적 설명은 최소 적은 수의 일반화 아래에 광범위하게 많은 현상들의 통합에 있다는 것이다. 이 관점에 따르면 과학의 그러한 (또는 어쩌면 일반적인) 목표는 모든 관찰할 수 있는 현상을 포섭할 수 있는 법칙이나 일반화의 경제적인 틀을 구성하는 것이다. 과학적 설명은 경험적 세계에 대한 우리의 지식을 조직하고 체계화한다. 체계화가 더 경제적일수록, 설명되는 것에 대한 우리의 이해는 더 깊어진다. 다른 관점은 *인과 관계적/기계론적* 접근이다. 그것에 따르면, 현상에 대한 과학적인 설명은 관심있는 현상을 만들어 낸 메커니즘을 밝혀내는 것으로 구성된다. 이 관점은 개별 사건들에 대한 설명을 주된 것으로 보고, 일반화에 대한 설명은 그것들(개별 사건들)로부터 흘러나온다고 본다. 즉, 과학적 일반화에 대한 설명은 규칙성을 만들어 내는 인과 관계적 메커니즘에서 생긴다.

과학적 설명은 모든 관찰을 포함하는 (A) 최소 적은 수의 원리를 찾거나 개별 현상으로부터 도출된 일반적인 (B) 패턴을 발견함으로써 이루어질 수 있다.

유형별 정답 분석

문단 요약 유형에서 요약문은 글의 주제에 해당하므로 주제를 먼저 파악한다. 주로 주제문이 위치하는 첫 문장을 유념해서 읽는다. 글의 주제는 '과학적 설명에 대한 이론의 두 가지 대안으로서 일반화와 인과 관계적 접근'이므로, 요약문에서 ____(A)____ number of principles covering all observations은 '일반화', general ____(B)____ drawn from individual phenomena.은 '인과 관계적 접근'에 대한 것임을 유추할 수 있다.

'일반화'에 대한 설명으로 지문의 a minimal number of generalizations.와 laws or generalizations that are capable of subsuming all observable phenomena.이 요약문에서 ____(A)____ number of principles covering all observations로 표현되므로 빈칸 (A)에 들어갈 말은 minimal과 같은 의미의 least이다. '인과 관계적 접근'에 대한 설명으로 지문의 the explanation of generalizations flowing from them.과 regularities.가 요약문에서 general ____(B)____ drawn from individual phenomena.로 표현되므로, 빈칸 (B)에 들어갈 말은 regularities와 같은 의미의 patterns이다.

요약문을 완성하면 'Scientific explanations can be made either by seeking the (A) least number of principles covering all observations or by finding general (B) patterns drawn from individual phenomena.'(과학적 설명은 모든 관찰을 포함하는 최소 적은 수의 원리를 찾거나 개별 현상으로부터 도출된 일반적인 패턴을 발견함으로써 이루어질 수 있다.)이므로, 요약문의 빈칸 (A), (B)에 들어갈 말로 가장 적절한 것은 ① least … patterns이다.

(A)	(B)		(A)	(B)
① 최소 적은	패턴		② 고정된	특징

③ 제한된······기능   ④ 고정된······ 규칙

⑤ 최소한의 ····가정

정답   ①

TIP_ 문단 요약 유형 실전 전략

01. 빈칸이 있는 요약문을 먼저 읽고, 요약문으로 주제를 유추한다.

02. 선택지의 단어들을 확인한다.

03. 주로 설명문이 사용되고 두괄식 구조가 많아 첫 문장에서 글의 주제를 파악한다.

04. 전개 부분의 논리 구조를 파악한다.

05. 주제는 반복되는 표현이나 유의어를 통해 제시되므로, 주제가 요약문에서 어떻게 반복되고 유의어로 표현되는지 확인한다.(➡ minimal → least, regularities → patterns)

24. 빈칸 추론 (최상)
- 빈칸 추론(단어)/빈칸 추론(구)

　빈칸 추론 유형은 학생들이 가장 어려워하는 유형으로 종합적인 사고력을 평가합니다. 문항의 난이도와 배점이 높은 반면 정답률이 낮기 때문에 목표 등급에 따른 전략이 필요합니다. 빈칸 추론은 배점이 10점이나 되기 때문에 1등급을 목표로 하는 학생들은 반드시 정복해야 합니다. 반면, 2등급을 목표로 하는 학생들은 빈칸 추론을 제외해도 2등급이 가능하기 때문에 마지막에 푸는 것이 좋습니다.

　빈칸 추론 유형은 종합적인 사고력과 논리력을 요하기 때문에 꼼수가 통하지 않고 정공법으로 접근해야 합니다. 빈칸 부분은 주제와 관련된 핵심적인 내용이므로 주제를 파악하는 것이 우선입니다. 특히 빈칸이 지문의 처음이나 끝에 있다면 빈칸이 있는 문장이 주제문일 가능성이 높습니다. 빈칸을 제외한 글을 읽으면서 주제를 파악하여 빈칸에 들어갈 내용을 추론하는 연습을 충분히 해야 합니다.

　주제 파악을 한 후에는 선택지에서 정확한 답을 골라야 합니다. 빈칸 추론이 어려운 이유는 글의 내용을 이해했더라도 오답을 선택할 확률이 높기 때문입니다. 정답은 유의어로 표현하여 낯설어 보이게 하고, 오답은 지문에 있는 표현을 사용하여 익숙해 보이게 함으로써 오답으로 유도하는 경향이 있으므로 유의해야 합니다. 빈칸 추론은 풀이 시간이 많이 소요되어 기회 비용이 크므로 푼 문항은 반드시 득점으로 연결하는 전략이 필요합니다.

| 빈칸 추론(단어) 특징 |

❶ 독해에서 난이도가 가장 높은 유형이다.

❷ 빈칸(단어)은 주로 마지막 문장에 위치하고 주제 관련 핵심어이다.

❸ 주제문인 첫 문장과 끝 문장에서 빈칸(단어)에 대한 단서를 찾는다.

❹ 빈칸(단어)은 주제와 논리적인 흐름을 고려하여 추론한다.

| 예제 1 2022학년도 수능 영어 영역 31번 - 빈칸 추론(단어) |

31 다음 빈칸에 들어갈 말로 가장 적절한 것을 고르시오.

Humour involves not just practical disagreement but cognitive disengagement. As long as something is funny, we are for the moment not concerned with whether it is real or fictional, true or false. This is why we give considerable leeway to people telling funny stories. If they are getting extra laughs by exaggerating the silliness of a situation or even by making up a few details, we are happy to grant them comic licence, a kind of poetic licence. Indeed, someone listening to a funny story who tries to correct the teller-'No, he didn't spill the spaghetti on the keyboard and the monitor, just on the keyboard'-will probably be told by the other listeners to stop interrupting. The creator of humour is putting ideas into people's heads for the pleasure those ideas will bring, not to provide _____ information.

* cognitive: 인식의 ** leeway: 여지

① accurate

② detailed

③ useful

④ additional

⑤ alternative

평가 유형　빈칸 추론(단어)

글의 종류　설명문(기초 학술문)

글의 구조　양괄식

글의 소재　유머

소재 단서　Humour

글의 주제　유머가 재미있다면 진실여부는 중요하지 않으므로 과장이나 꾸며내는
　　　　　　내용도 허용되며 정확할 필요가 없다.

주제 단서　Humour involves not just practical disagreement but cognitive
　　　　　　disengagement. As long as something is funny, we are for the moment
　　　　　　not concerned with whether it is real or fictional, true or false. / The
　　　　　　creator of humour is putting ideas into people's heads for the pleasure
　　　　　　those ideas will bring, not to provide accurate information.

단어·숙어

humor　유머	involve　포함하다
practical　실제적인	disengagement　이탈, 해방
as long as~　~하는 한	for the moment　잠깐
be concerned with~　~에 관심을 두다	fictional　허구의
considerable　상당한	exaggerate　과장하다
silliness　어리석음	make up　꾸며내다, 지어내다
grant　허락하다, 부여하다	comic　희극의
licence　(창작상의) 파격, 허용	poetic　시적인
correct　바로잡다, 정정하다	spill　쏟다, 흘리다
interrupt　방해하다, 끼어들다	provide　제공하다

| accurate 정확한 | detailed 상세한 |
| additional 부가적인 | alternative 대안적인 |

우리말 의미

유머는 실제적인 이탈뿐만 아니라 인식의 이탈을 포함한다. 어떤 것이 재미있다면, 우리는 잠깐 그것이 진짜인지 허구인지, 진실인지 거짓인지에 관해 관심을 두지 않는다. 이것이 우리가 재미있는 이야기를 하는 사람들에게 상당한 여지를 주는 이유이다. 만약 그들이 상황의 어리석음을 과장하거나 심지어 몇 가지 세부 사항을 꾸며서라도 추가 웃음을 얻고 있다면, 우리는 그들에게 기꺼이 희극적 파격, 일종의 시적 파격을 허락한다. 실제로, 재미있는 이야기를 듣고 있는 누군가가 '아니야, 그는 스파게티를 키보드와 모니터에 쏟은 것이 아니라 키보드에만 쏟았어.'라며 말하는 사람을 바로잡으려고 하면 그는 아마 듣고 있는 다른 사람들에게서 방해하지 말라는 말을 들을 것이다. 유머를 만드는 사람은 사람들의 머릿속에 생각을 집어넣고 있는데, 그 생각이 가져올 재미를 위해서이지 <u>정확한</u> 정보를 제공하기 위해서가 아니다.

유형별 정답 분석 (31. 빈칸 추론(단어))

빈칸 추론(단어) 유형에서 빈칸은 주로 주제와 관련된 핵심어이고, 특히 빈칸이 지문의 처음이나 끝에 있을 경우 빈칸이 있는 문장이 주제문일 가능성이 높다. 글의 첫 문장 Humour involves not just practical disagreement but cognitive disengagement.(유머는 실제적인 이탈뿐만 아니라 안식의 이탈을 포함한다.)에서 글의 소재를 제시하고 두 번째 문장 As long as something is funny, we are for the moment not concerned with whether it is real or fictional, true or false.(어떤 것이 재미있다면, 우리는 잠깐 그것이 진짜인지 허구인지, 진실인지 거짓인지에 관해 관심을 두지 않는다.)와 마지막 문장 The creator of humour is putting ideas into people's heads for the pleasure those ideas will bring, not to provide <u>accurate</u> information.(유머를 만드는 사람은 사람들의 머릿속에 생각을 집어넣고 있는데, 그

생각이 가져올 재미를 위해서이지 정확한 정보를 제공하기 위해서가 아니다.)를 통해서 글의 주제인 '유머가 재미있다면 진실 여부는 중요하지 않으므로 과장이나 꾸며내는 내용도 허용되며 정확할 필요가 없다'는 것이 확인되므로, 빈칸에 들어갈 말로 가장 적절한 것은 ① accurate이다.

① 정확한 ② 상세한
③ 유용한 ④ 부가적인
⑤ 대안적인

정답 ①

TIP_ 빈칸 추론(단어) 유형 실전 전략

01 최고난이도 문항으로 시간 소요가 많고 정답률이 낮으므로 마지막에 푼다.

02 빈칸(단어)은 주제와 관련된 핵심어이다.

03 첫 문장과 끝 문장에서 주제를 파악하고 빈칸(단어) 관련 단서를 찾는다.

04 빈칸(단어)은 주제와 논리적 흐름을 고려하여 추론한다.

| 빈칸 추론(구) 특징 |

❶ 독해에서 난이도와 배점이 가장 높은 유형이다.

❷ 빈칸(구)은 주로 처음이나 마지막 문장에 위치하고 주제 관련 핵심 내용이다.

❸ 주제문인 첫 문장과 끝 문장에서 빈칸(구)에 대한 단서를 찾는다.

❹ 빈칸(구)은 주제와 논리적인 흐름을 고려하여 추론한다.

| 예제 2 2022학년도 수능 영어 영역 34번 - 빈칸 추론(구) |

34 다음 빈칸에 들어갈 말로 가장 적절한 것을 고르시오.

Precision and determinacy are a necessary requirement for all meaningful scientific debate, and progress in the sciences is, to a large extent, the ongoing process of achieving ever greater precision. But historical representation puts a premium on a proliferation of representations, hence not on the refinement of one representation but on the production of an ever more varied set of representations. Historical insight is not a matter of a continuous "narrowing down" of previous options, not of an approximation of the truth, but, on the contrary, is an "explosion" of possible points of view. It therefore aims at the unmasking of previous illusions of determinacy and precision by the production of new and alternative representations, rather than at achieving truth by a careful analysis of what was right and wrong in those previous representations. And from this perspective, the development of historical insight may indeed be regarded by the outsider as a process of creating ever more confusion, a continuous questioning of _____, rather than, as in the sciences, an ever greater approximation to the truth. [3점]

* proliferation: 증식

① criteria for evaluating historical representations

② certainty and precision seemingly achieved already

③ possibilities of alternative interpretations of an event

④ coexistence of multiple viewpoints in historical writing

⑤ correctness and reliability of historical evidence collected

유형별 실전 풀이 2

평가 유형	빈칸 추론(구)
글의 종류	설명문(기초 학술문)
글의 구조	양괄식

글의 소재	역사적 진술(통찰)과 정확성 및 확정성의 관계
소재 단서	Precision and determinacy

글의 주제	과학에서는 정확성과 확정성이 중요하지만, 역사적 진술(통찰)에서는 한 가지 진술을 정제하는 것이 아닌, 훨씬 더 다양한 진술 집합을 생산하는 것이 중요하므로 확실성과 정확성에 대한 의문이 제기될 수 있다.
주제 단서	But historical representation puts a premium on a proliferation of representations, hence not on the refinement of one representation but on the production of an ever more varied set of representations. / And from this perspective, the development of historical insight may indeed be regarded by the outsider as a process of creating ever more confusion, a continuous questioning of certainty and precision seemingly achieved already, rather than, as in the sciences, an ever greater approximation to the truth.

단어·숙어

precision 정확성	determinancy 확정성
necessary requirement 필요조건	debate 토론
progress 발전	to a large extent 상당 부분
ongoing 진행 중인	process 과정
achieve 달성하다	representation 진술, 설명, 묘사
put a premium on~ ~을 중요시하다	hence 그러므로
not A but B A가 아니라 B이다	refinement 정제, 개선
production 생산	varied 다양한
insight 통찰	matter 문제
continuous 계속적인	narrowing down 좁히기
previous 이전의	option 선택
approximation 근접, 근사	on the contrary 반대로
explosion 폭발(적 증가)	point of view 관점
aim at~ ~을 목표로 하다	unmasking 정체 밝히기
illusion 환상, 착각	analysis 분석
perspective 관점	be regarded as~ ~으로 여겨지다
outsider 외부인	confusion 혼란
questioning 의문 제기, 탐구	seemingly ~인 것처럼 보이는

우리말 의미

정확성과 확정성은 모든 의미 있는 과학 토론을 위해 필요한 요건이며, 과학의 발전은 상당 부분 훨씬 더 높은 정확성을 달성하는 진행 중인 과정이다. 그러나 역사적 진술은 진술의 증식을 중요시하므로, 한 가지 진술의 정제가 아니라 훨씬 더 다양한 진술 집합의 생산을 중요시하는 것이다. 역사적 통찰은 이전 선택들을 계속해서 "좁혀 가는" 문제가 아니고, 즉 진실에 근접함의 문제가 아니고, 반대로 가능한 관점들의 "폭발적 증가"이다. 그러므로 그것은 그러한 이전의 진술에서 무엇이 옳고 그른

지에 대한 신중한 분석에 의해 진실을 얻는 것을 목표로 하기 보다는 새롭고 대안적인 진술의 생산에 의해 확정성과 정확성에 대한 이전 환상을 드러내는 것을 목표로한다. 그리고 이러한 관점에서 보면, 역사적 통찰의 발전은 정말이지 과학에서처럼 진실에 훨씬 더 근접함보다는 훨씬 더 큰 혼란을 만들어 내는 과정, 즉 <u>이미 획득한 것처럼 보이는 확실성과 정확성</u>에 대한 계속되는 의문 제기로 외부인에 의해 여겨질지도 모른다.

유형별 정답 분석 (34. 빈칸 추론(구))

빈칸 추론(구) 유형에서 빈칸은 주제와 관련된 핵심 내용이고, 특히 빈칸이 지문의 처음이나 끝에 있을 경우, 빈칸이 있는 문장이 주제문일 가능성이 높다. 글의 앞 부분 But historical representation puts a premium on a proliferation of representations, hence not on the refinement of one representation but on the production of an ever more varied set of representations.(그러나 역사적 진술은 진술의 증식을 중요시하므로, 한 가지 진술의 정제가 아니라 훨씬 더 다양한 진술 집합의 생산을 중요시하는 것이다.)와 마지막 문장 And from this perspective, the development of historical insight may indeed be regarded by the outsider as a process of creating ever more confusion, a continuous questioning of <u>certainty and precision seemingly achieved already</u>, rather than, as in the sciences, an ever greater approximation to the truth.(그리고 이러한 관점에서 보면, 역사적 통찰의 발전은 정말이지 과학에서처럼 진실에 훨씬 더 근접함보다는 훨씬 더 큰 혼란을 만들어 내는 과정, 즉 <u>이미 획득한 것처럼 보이는 확실성과 정확성</u>에 대한 계속되는 의문 제기로 외부인에 의해 여겨질지도 모른다.)를 통해서 글의 주제인 '과학에서는 정확성과 확정성이 중요하지만, 역사적 진술(통찰)에서는 한 가지 진술을 정제하는 것이 아닌, 훨씬 더 다양한 진술 집합을 생산하는 것이 중요하므로 확실성과 정확성에 대한 의문이 제기될 수 있다.'가 확인되므로, 빈칸에 들어갈 말로 가장 적절한 것은 ② certainty and precision seemingly achieved already이다.

① 역사적 진술을 평가하는 기준

② 이미 획득한 것처럼 보이는 확실성과 정확성

③ 어떤 사건에 대한 대안적 해석의 가능성

④ 역사 저술에서 다수의 관점 공존

⑤ 수집된 역사적 증거의 정확성과 신뢰성

정답 ②

TIP_ 빈칸 추론(구) 유형 실전 전략

01 3점 문항이 있는 최고난이도 유형으로 시간 소요가 많고 정답률이 낮으므로 마지막에 푼다.

02 빈칸(구)은 주제와 관련된 핵심 내용이다.

03 첫 문장과 끝 문장에서 주제를 파악하고 빈칸(구) 관련 단서를 찾는다.

04 빈칸(구)은 주제와 논리적 흐름을 고려하여 추론한다.

05 오답이 지문에 있는 어구로 익숙하게 표현되므로 매력적인 오답을 택하지 않도록 유의한다.

마치며

Philosophy of Teaching

Most people go to school when they turn a certain age. These days, we spend about 20 years in a schooling system before we get a job, considering the early 4 years in preschool, such as a daycare center or a kindergarten. The schooling years are also the most critical period when humans change from helpless infants to competent adults both physically and mentally by learning knowledge and skills and building up their personality, attitudes, beliefs and values before they assume a certain role in society. In this sense, classrooms should be simulation places which prepare students for stepping into the real world with competence and confidence through a lot of practice and interactions with peers and teachers.

When I think of the phrase, 'philosophy of teaching,' I do not feel that 'teaching' should be limited to the English language or communication skills. The mission as a teacher should entail a broader scope including teaching how to deal with real life issues, with which most students will struggle more than with their language abilities. Therefore, a life-long quest as an English teacher should be not only teaching English as a tool but also teaching how to use the tool. English has now become a global language, so teaching English means equipping our students with more eyes, more ears, and more voices to use for their communication with people from all over the world. It is like equipping our students with the most powerful instrument. More importantly, at the same time, we should equip our students with a more reasonable, more balanced, and more humane perspective toward the fast-globalizing outside world. Through English, we can teach both: tools for communication and views for understanding the world as a global citizen.

Through the ICC(International Culture and Communication) course in the IIETTP(Intensive In-Service English Teacher Training Program), I have learned that language and culture cannot exist separately and realized that I could teach our students not just the English language but more about culture, which is deeply rooted and closely related to our life. Through culture lessons, we could teach a variety of norms, attitudes, beliefs, and values in different countries, ranging from English speaking countries to non-English speaking countries because English does not belong to some specific regions any more. We will be able to teach them how to accept the differences as well as the similarities. They will be able to understand that the more differences we can embrace, the more things we can see, hear, think, and share. That might guide our students to become a global citizen who has awareness of balance, equality, justice, and respect with no more bias, discrimination, prejudice, and stereotypes. After my journey to ICC, I feel that I have learned more fundamental things in life and I have grown up more as a human being. I wish my students to experience the same journey. I hope my students wear new lenses to be able to see the world differently. I believe that will help raise awareness of their identities and see themselves better, too.

A school should be a place which turns a little tiny caterpillar to a beautiful butterfly by feeding, sheltering, and scaffolding it to fly. We, as educators, should scaffold our students to grow up to be humans with respect and dignity. At the same time, we, as English teachers, should empower our students with a right tool and the right guidelines for use not only in their academic fields but also in their real life.

Kay Ryu

June, 2012

고등영어 쉽-게 배우기

2022년 9월 6일 초판 인쇄 | 2022년 9월 16일 초판 발행

지은이 류경화

펴낸이 한정희
펴낸곳 종이와나무
편집·디자인 김윤진 김지선 유지혜 한주연 이다빈
마케팅 유인순 전병관 하재일
출판신고 제406-2007-000158호

주소 경기도 파주시 회동길 445-1 경인빌딩 B동 4층
대표전화 031-955-9300 | 팩스 031-955-9310
홈페이지 www.kyunginp.co.kr | 전자우편 kyungin@kyunginp.co.kr

ⓒ 류경화, 2022

ISBN 979-11-88293-18-6 53740
값 14,000원